JN411546

월주의 만추

님께

월주의 만추

백영자 지음

좋은출판

책머리에

아내의 칠순 회고록 '월주의 꿈', 삼 남매 자녀들의 일기 글 모음책 '우리들의 이야기'와 미국에 사는 딸 숙영이가 올해 출간한 '디사이플(복음과 섬김의 제자)' 책자에 이어 지난 8월 1일에 발간한 나의 팔순 회고록 '고산준령을 넘어서'에 이은 아내의 팔순 회고록 '월주의 만추'로 우리 집, 가족 문집은 이제 마무리되는 것 같습니다.

평소 개인사에 관한 사정이나 사실을 전기나 문집, 자서전이나 회고록 등의 기록으로 주변과 후세에 남겨 놓는 것에 큰 가치와 의미를 두는 나이기에 본 회고록 출판에 즈음하여 이 글을 쓰는 것이 좋겠다 싶습니다.

나와 아내는 동갑으로 금년이 팔순과 금혼金婚 해인데 내 생일은 음력 3월이고 아내는 10월이라 내가 좀 빨라 지난 8월에 서둘러 볼품없이 투박한 회고록을 내었는데 아내는 회고록을 좀 늦게 내게 되어 이 지면을 할애받아 소감을 적어 봅니다.

아내는 고향인 충남 보령에서 22년간의 교직 생활을 마감하고 자녀교육을 위해 서울로 올라와 서초동 집 근처에 있는 예술의전당 서예관에 입문하여 22년 동안 서화 부문에 심취해 매년 아카데미 회원전에 출품 전시하면서, 문인화 반 동호인 8명과 8폭 병풍을 공동 제작하여 우리 집 가보로 보존하며 행사 때마다 유용하게 쓰고 있습니다.

2012. 10, 17~23일(1주간)에는 주산 초등학교 동기생 4명이 미국과 한국에 뿔뿔이 흩어졌다가 60년 만에 만나, 인사동 경인미술관에서 격조 높은 고희기념 4인전을 성황리에 개최하여 교우와 친지들로부터 찬사를 받았으며, 특이한 '전시회'라 하여 KBS TV 방송국의 금요 아침 방송프로에 방영되기도 하였습니다.

그리고 문인화, 서예 작품활동과 관련하여 특기할 것은 향토 보령석탄박물관과 국립민속박물관 공동으로 주최한 '전국벼루 전시전'(2012. 10. 17~11. 25)에 본인이 성주사지 답사(예술의전당 주최) 때 현장에서 직접 사들여 애용하던 남포 벼루를 출품하여 문인 선비의 오랜 벗이자 묵향을 느낄 수 있는 각종 벼루 사진첩에 등재 소개되어 긍지와 보람을 갖게 되었습니다.

그리고 나이 70에 늦깎이 '한국수필문학' 신인상을 수상하여 문단에 등단 후, 작품활동을 하며 문학을 통해 세상을 읽고 인생의 지평을 넓히며 노후생활을 윤택하게 향유하는 것은 옆에서 보기에 무척이나 좋습니다.

누구나 산전수전 겪으며 저마다의 특별한 인생을 치열하게 살아가는데 이 기록들도 그러한 삶의 흔적들로 여겨집니다.

이 책이 우리 가족과 주변 분들에게 삶을 비춰보는 기회가 되고 특히 손주들(나영, 여준, 민준)이 성장하면서 할머니의 이야기와 삶을 들여다보고 자신들 삶의 자양분이 되길 바라는 마음입니다.

지난 3월에 79세를 일기로 아쉽게 세상을 뜬 박식하고 고매한 인품을 지니고 수준 높은 문단 활동을 하여 아내가 소중하게 아꼈던 고향 후배 고 임창순 선생이 쓴 아내의 고희 저서 '월주의 꿈'에 실렸던 적지 않은 분량의 육필 기고 내용 중 "인생을 거저 흘려보내려 하지 않은 저자의 마음과 살아가는 하나하나가 모두 기록되어 후손들이 깨우치고 이 책을 읽는 분들이 창신創新하여 새로운 지혜를 얻게 된다면 그것이 곧 '월주의 꿈'이 시사하는 바가 아닐까요!" 이 구절을 다시금 음미해 봅니다.

봄, 여름에 소망했던 '월주의 꿈'이 늦가을에 와 뒤돌아보니 많은 것들이 아름다운 결실을 맺은 것 같아 다행으로 생각하며 저희를 성원해 주시는 모든 분들께 이 기회에 감사드립니다.

2021년 晩秋에

진홍 禹居에서 남편 海岩 尹仁重 識

차례

제 1 부 수필

간절한 그리움을 달래 준 문학

1998년 겨울, 어머니께서 유명을 달리 하시자, 한동안 눈물로 세월을 보냈다. 남편이 말하기를 내가 그때 흘린 눈물이 드럼통으로 두 통은 될 것이라고 했다. 그 모습을 본 둘째 아들이 "엄마, 그렇게 울지만 말고 글로 써 보세요. 다 잊어버리기 전에." 나는 그 말에 정신이 번쩍 들었다. 나약하게 자식에게 눈물만 보인 내 자신이 부끄럽기도 했다. "60년 든 정 떼기가 이렇게 어렵구나. 너희와는 30년이지만."이라고 얼버무리고는 그 이후부터 어머니의 병상 일지를 쓰기 시작했다. 우리 집에 마지막 다녀가시던 그해 10월부터 12월 돌아가실 때까지의 기억을 더듬어 썼다. 나는 그 그리움이 간절하던 시기에 글 잘 쓰는 친구가 무척 부러웠다. 어찌하면 어머니와의 추억을 남길 수 있을까. 간절한 그리움을 달래는 방법에 문학이 있다는 것을 알았다. 더욱이 어머니의 훌륭하신 삶을 기록으로 남겨 후손에게 사표(師表)로 전하고 싶었다. 10년 동안 이 마음은 떠나지 않았다. 뒤늦게 2008년 서초동 사무소에서 컴퓨터를 배우기 시작했고 2009년 문학반을 찾게 되었다.

'월주'를 담은 문인화 병풍

내가 월주라는 호를 가지게 된 것은 고향에서 교직을 그만두고 서울로 올라와 문인화에 입문한 후의 일이다.

어느 해 가을 친척 어른의 고희 잔치에 서예 전시를 겸한다는 말을 듣고 인사동 백악미술관으로 향했다. 전시된 서예 한문 5체와 전각 작품들을 둘러보고 나도 서예를 배우고 싶은 충동이 일었다.

그러자 이듬해 봄 큰아들 고2 때, 같은 반 자모가 예술의 전당 서예관에 신청해 보라 한다. 그의 말대로 8월 신문광고 보는 즉시 예술의 전당에 갔으나 글씨 반은 이미 찼고 한 자리 남았다는 문인화 반에 등록하게 되었다.

사군자란 말은 들었어도 문인화란 말은 처음 듣는 용어였다.

문인화文人畵란 시서화詩書畵를 겸비한 문인들이 사군자四君子를 모체로 하여 화훼, 초충, 산수 등을 다양하게 표현하는 격조 높은 그림이란 것을 알게 되었다.

그리고 1년에 한 번씩 갖게 되는 평가전에 작품을 내려면 호號가 있어야 한다고 한다. 지금 생각하면 어처구니없는 일이지만 호를 아이들 이름 짓듯 남편과 상의하여 지어야겠다고 생각했는데, 하필이면 남편이 해외 출장 중에 호를 써내라고 하지 않는가?

고심 끝에 전화하니 남편은 대뜸 월주가 어떠냐고 한다. 나는 춘향전에 나오는 월매의 이미지가 떠 올라 "응, 월주?" 하며 '월' 자가 들어있는 호는 피했으면 좋겠다고 하였더니 며칠 후 일본에서 편지가 왔다.

자기 고향 비인庇仁에 월명산月明山이 있고, 나의 친정 동네 주산珠山에 주렴산珠簾山이 있으니 각각 한 자씩 따서 월주月珠로 하였다며 혹시 마음에 들지 않으면 다시 생각해 보자고 한다. 설명을 듣고 보니 그럴듯하였다.

그 역시 서예에 문외한이지만 우리들의 출신지 산을 엮어 호를 지으려는 마음이 이해되었다. 그때 '월주'를 호로 정하고 수십 년이 지난 지금도 만족하며 쓰고 있다.

송월주 스님이 조계종 총무원장일 때는 강사님께서 가끔 나에게 월주스님이라고 부르시면 수강생들도 함께 웃는다.

입문 당시 엉겁결에 문인화 반에 들고 보니 필력을 쌓고 화제를 써야겠기에 2년 후, 소헌 선생님께 행초서와 예서 3년, 한별 선생님께 한글 2년을 주마간산 격으로 배운 뒤 문인화 반으로 다시 옮겼다.

그리하여 시서화 3절三絶을 겸비하신 문인화가 일사一史 구자무具滋武 선생님께 배우기 시작한 지 20년이 넘었다. 모시기 쉽지 않은 스승님이라 크게 선택받은 마음으로 이론도 열심히 배웠다.

"농담濃淡을 낼 때는 묵유 5채墨有五彩를 내어, 맑고 우아하게 표현해야 한다. 질 좋은 지필묵을 갖추어 먹을 가는 과정부터 마음에 평정심을 갖고 수많은 연습을 해야 한다.

문인화란 서예처럼 붓 한번 대면 덧칠할 수 없는 일회성一回性이므로 어려움이 많다. 단 한 번의 칠과 획으로 작품이 이루어진다.

발묵潑墨의 신비로움, 여백餘白의 미美, 그림의 대상인 사물과 잘 조화되는 화제畵題가 갖추어져야 문인화의 멋이 살아난다."는 말씀은 귀에 생생하나 손이 따르질 못하니 유감스러울 뿐이다.

서예를 배우기 시작한 지 제법 되었다고 병풍 하나 그려서 시어머님 제사상에 둘렀으면 하는 마음은 있으나 쉽지 않았다.

그리하여 문인화반 수강생 중 8명이 도원결의하듯 한 폭씩 그려서 8폭 병풍을 만들자고 제안하였다. 사군자에 소나무松 연蓮 목련木蓮 포도葡萄로 뜻을 모으고 나는 국화 한 폭을 그리기로 했다. 뒷면은 각자 임의로 글을 쓰기로 하여 미숙하나마 행서체로 *이백李白시詩 '춘야연도리원서春夜宴桃李園序'를 쓰고 '월주'라는 호를 새긴 낙관을 하였다.

드디어 문인화 8폭 병풍을 완성하게 된 것이다. 동호인들의 공동작이며, 22년간의 결정체라 생각되어 큰 보람으로 남는다.

제삿날 고향에서 올라오신 시아버님께서 웃음을 지으시며 "이 병풍 자네가 그렸나?"

"예."

"이 글씨두? 문필가 났네." 하시며 대견스러워하시던 모습이 지금도 선연하다.

이것이 곧 월명산月明山과 주렴산珠簾山의 정기를 받은 월주月珠인 것은 아닐까?

*이백李白의 명문 춘야연도리원서春夜宴桃李園序

대저 천지는 만물이 쉬어가는 나그네의 집이요. 세월은 영겁을 두고 흘러가는 길손이로다. 우리의 인생 덧없고 짧음이 꿈만 같으니 인간으로 태어나 즐거움을 누린다 한들 그 얼마이겠는가……

夫天地者 萬物地逆旅/ 光陰者百代之過客/ 而浮生若夢/ 爲觀幾何

부천지자 만물지역여/ 광음자백대지과객/ 이부생약몽/ 위관기하

(한국수필 2021. 2월호 게재)

조상님 묘소 참배

조상님의 묘소 참배(1992년 여름)

우리 부부는 매년 여름휴가 때만 되면 연례행사처럼 '금년엔 어디로 갈까 머리를 맞대고 궁리를 하며 즐거워하였다.

직장에서는 '일이 취미인 과장' '황소처럼 일만 하는 사람'이라는 별명이 붙을 정도이니 얼마나 숨 막히는 생활의 연속이었겠는가? 3, 4일간의 휴가를 얻은 남편 따라 내조를 핑계로 동행하게 되는 내 마음도 따라서 즐거웠다. 덕분에 전국 방방곡곡 안 가본 곳 없이 누비고 다녔다.

그해에는 생각 끝에 남편이 원하는 고려 개국 공신이라는 파평윤씨의 시조 윤신달 조상님의 산소가 있는 포항에 가기로 하였다.

3박 4일 일정으로 우선 강릉 경포대로 가서 1박하고 동해안 선을 따라 월포 해수욕장에서 1박 한 후, 계획한 대로 포항시 기계면

봉계리 조상님의 산소에 참배하고서 해운대로 가서 해수욕한 다음 이튿날 경부선 따라 상경키로 하였다.

대학생이 된 든든한 두 아들과 함께 가게 되어 말할 수 없이 기뻤다. 어릴 때는 잘 데리고 다녔으나 다 큰 자식들과 함께할 수 있는 여행은 그리 흔치 않아 무척 흐뭇했다.

빠듯한 공무원 살림에 과외 한번 못 시키며 불안했는데 재수도하지 않고 큰아들에 이어, 작은아들도 원하는 대학에 순조롭게 척척 붙어준 것이 대견스러웠던 참에 동행하게 되어 더욱 기뻤다.

음료수, 과일, 식수, 김치를 아이스박스에 채우고 전날 준비해 놓은 통닭 튀긴 것과 찰밥을 트렁크에 싣고 떠났다. 큰아들은 운전석에 작은아들은 조수석에 앉히고, 우리 내외는 뒷자리에 버티고 앉아 개선장군처럼 달렸다.

차 안에서 온 가족이 동요, 가요, 가곡, 팝송 가릴 것 없이 마음껏 노래도 불렀다. 무척 즐거웠다. 애창곡도 불렀다. 아빠 엄마는 흘러간 노래 '신라의 달밤'과 'Sad Movie'를 큰아들은 'Let It Be' 작은아들은 'Honesty' 두 아들은 그 당시의 최신 팝송을 불렀다. 집에서는 노래 부르는 소리 못 들었는데 언제 배웠는지 제법 잘 부른다.

강릉 가는 도중 한적한 곳에 차를 세우고 잔디밭에 앉아 준비해 간 음식을 펼쳐 놓고, 마치 어린 시절 소풍 가서 먹던 도시락처럼 점심도 맛있게 먹었다.

강릉에 도착하자마자 경포대에서 해수욕한 다음 날엔, 신사임당의 생가와 이율곡 선생의 출생지인 오죽헌에 들러 각종 전시물을 감상했다. 나는 까만 오죽과 진분홍색 꽃이 만발한 백일홍 나무 앞에서 거목처럼 서 있는 두 아들의 사진을 찍어 주며 마음속으로 기원했다.

'형제간에 우애 있고 장래 큰 재목이 되기를…'

강릉 오죽헌의 백일홍 앞 형제

그런 다음 우리는 동해안 선을 따라 길게 달렸다. 시원스레 불어오는 바닷바람을 마시며 신나게 달렸다. 소나무 사이로 멀리 보이는 푸른 바다 경치는 장관이었다. 굽이치며 돌아가는 해안선 따라 달리는 기분, 이루 형언할 수 없을 정도로 아름답고 즐거웠다.

그런데 월포 숙소에서 하룻밤 묵은 뒤, 목적지인 포항 조상님의 묘소를 향해 달리는 자동차 속에서 지갑이 없어진 것을 알았다. 지갑 속의 그 돈은 3박 4일간의 여비 중 남편과 반반씩 넣어 왔는데 그동안 비용은 남편이 썼으니 앞으로 쓸 경비인 것이다. 남은 1박 2일 동안 네 식구 식사는 물론 부산 해운대에 가서 회도 먹고 서울 올라갈 고속도로 통행료도 내야 되는데 어쩌지? 숙소는 해운대에 남편 직장의 휴양소가 있다지만 걱정이 꼬리를 물었다.

'이 일을 어쩌나? 혼자서 백방으로 기억을 더듬어도 어디서 잃어버렸는지 생각이 안 나는데 말한들 무슨 소용이랴! 월포에 되돌아간들 찾는다는 보장도 없지 않은가.'

우선 이번 여행의 주 목적지인 조상님의 묘소에 가는 데 지장을 주고 싶진 않았다.

'계획한 대로 조상님의 묘소에 참배는 하도록 해야지.' 생각하며 의연하게, 왕릉같이 잘 꾸며 놓은 산소에 3부자가 함께 참배하고 각종 석물 앞에서 기념사진도 여러 장 찍었다.

무사히 참배를 마친 후, 해운대로 향하는 차 안에서 조심스레 그 말을 꺼냈다.

다행히도 가족들이 나의 실수를 탓하지 않고 3부자 주머니를 털어 이튿날 쓸 고속도로 통행료 남기고 가족들에게 제대로 된 회는 못 먹였어도 그런대로 즐거운 여행이 되었으며 잊을 수 없는 추억으로 남게 되었다.

집에 도착한 며칠 뒤, 월포 숙소 주차장의 자동차 위에서 주웠다며 어느 고마운 분 덕택에 그 지갑을 전해 받게 되었다. 고마웠다. 세상이 각박하다지만, 이렇게 고마운 분도 계신다는 것을 알게 되었다.

보내주신 분께 마음속으로 거듭 감사드린다.

또 남편과 두 아들에게도 크게 탓하지 않고 넘어가 준 일이 나의 실수를 감싸 준 혜량의 기회였으며 조상님의 묘소 참배가 큰 보람으로 남는다.

(한국수필 2012. 7월호 게재)

꽃과 나비

주산초교 '꽃과 나비' 학습발표회(단기4286 봄)

우리 모교는 충남 보령시에 있는 주산초등학교이다.

단기 4286년(1953년) 학교행사로 봄철엔 학예회, 가을에는 대운동회가 개최되었다. 그해 봄 학습발표회에 함께 출연했던 인연으로 60년간 뿔뿔이 흩어졌다가, 70되던 해 가을, 넷이서 고희전을 가졌다.

그 당시 5학년 여자반 담임이셨던 김정수 선생님의 지도로 국어책에 나온 희곡 '꽃과 나비'를 극본으로 하여 연극을 하였다. 출연인물은 흰나비(최현자), 노랑나비(백영자), 장미꽃(이종선)을 포함한 무궁화, 채송화, 해바라기 등 10명이었다. 노랑나비의 배역을 맡은 나는 노랑 치마저고리를, 흰나비는 하양 치마저고리를 입고 등에는 커다란 나비 날개를 달았다. 그 외 꽃들은 분홍빛 치마저고리에 머리에는 갖가지 꽃을 달았다. 보통 노랑 치마 입는 사람은 없었으므로 내가 유난히 눈에 띄니 짓궂은 남자애들은 나만 지나가면 큰소리로 노랑나비, 라고 놀려 댔지만 그 말이 싫지 않았다. 교내학습 발표회를 마친 뒤, 그 작품이 군 대회까지 뽑혀가게 되었다.

주산에서 대천까지 오십 리 길을 가기 위해, 버스라는 것도 처음 타보았다.

나비의 역할은 팔만 아래, 위로 흔들면 되는걸, 연극에 뽑혀가니 목청을 곱게 한다고 그러셨는지, 할머니와 엄마는 생달걀 하나를 먹게 하시어 나는 영문도 모른 채 먹었다. 그 통에 버스 안에서 차멀미를 하여 구토를 하면서 곤욕을 치렀지만 지금껏 아름다운 추억으로 남아 있다.

그 후 나는 고향에서 교편생활을 하다가 남편 따라 서울로 이사오니, 6·25 때 피난 왔다가 다시 서울로 떠난 흰나비(최현자)를 찾고 싶었다.

수소문하여 찾은 그 친구를 만나던 날, 빛바랜 '꽃과 나비' 흑백사진을 들고 나갔다. 극적 상봉이었다.

그의 피난 시절 이야기도 한다. 서울에서 공직에 계시던 아버지 따라 엄마와 다른 형제들은 부산으로 내려가고 가운데 태어난 바로 위 언니와 둘이서만 주산 할아버지 댁으로 피난 내려와 있는 동안 얼마나 가족이 그리웠던지 집에서 다니는 내가 부러웠다는 말도 한다.

서울로 다시 올라간 그는, 이화여중, 고를 나와 이화여대를 졸업한 뒤, 결혼 후 살림하면서 취미로 서예를 하고 있다고 했다. 지금

인사동 경인미술관에서 초등학교 그림벗 고희기념 4인전(2012. 10. 17~23)

은 도자기 그림을 하며 소망교회에서 장애자 돕기를 하고 있다.

한편 장미(이종선) 역을 맡았던 친구는 어릴 적부터 그림에 천부적인 소질이 있었던지 앉기만 하면 그림을 즐겨 그렸다. 인형 공주 등의 인물화를 잘도 그렸다. 전주간호학교 졸업 후 모교인 주산초등학교에서 양호(보건) 교사 직에 있다가 국립메디컬센타를 거쳐 서독 간호원으로 근무하면서도 그림 공부를 게을리하지 않았다. 퇴직 후엔 뉴욕에서 거주하며, 맨하탄 아트아카데미 스쿨에서 취미활동을 하고 있었다.

나는 수년 전 미 동부 여행 후 그의 집을 방문하였을 때 화실을 둘러보고, 고국에서 전시회를 하도록 주선해 주면 좋겠다는 생각이 들었다. 나 역시 교직을 떠나 서울로 이사 온 뒤, 집에서 가까운 예술의 전당에서 오랫동안 문인화를 배워 왔기에 셋이서 고희전을 하면 좋겠다는 생각이 들었다.

고희에 즈음하여 두 친구에게 발의하니 선뜻 동의하며, 우리 동기 중에 남자 동창 이병성 친구가 홍대에서 미술을 전공했는데 같이 하면 어떨까? 한다.

"아, 참 그렇지."

몇 해 전 동창회에서 은행지점장직을 퇴임하면 "나는 고향에 내려가서 취미로 그림이나 그려야겠다."고 하던 말이 떠올랐다. 바로 전화를 하니 흔쾌히 대답한다. 무척 기뻤다. 그리하여 '초등학교 그림 벗 고희기념 4인전'을 주선하게 된 것이다.

우리들 직장도 가지각색(은행지점장, 간호사, 약사, 교사)이었지만 그림 분야도 다양했다. 수채화, 유화, 도자기, 문인화.

장소는 인사동에 있는 박영효의 고택이라는 운치 있는 경인미술관에서 좋은 계절인, 10월에 하기로 하고 2년을 기다렸다. 그간 혼연일체가 되어 애쓴 보람으로 성황리에 전시회를 마치니 무척 흐뭇했다.

이채로운 전시회라 하여 KBS 제2방송국의 '굿모닝 대한민국' 프로그램 (2012. 10. 19. 금)에 방영되기도 하였다. 노랑나비 한 마리가 네 마리 되어 갑년 전의 꿈을 찾아낸 우리들의 전시회였다.

(한국수필 2013년 6월호 게재)

봄 되면 오신다더니

어머니 산수연 때 삼 남매와 삼원가든에서(1996. 음 7. 15)

내 어머니는 음식솜씨, 바느질 솜씨가 빼어나시고 매사에 민첩하셨다. 주변 사람들의 말처럼 늙는 것이 아까운 분이셨는데, 서른에 청상靑孀이 되어 팔십 평생을 자식 사랑만으로 사시었다.

아버지의 임종을 지켜보며 이 어른 돌아가면 나도 따라 죽어야 한다고 호곡號哭하였으나, 막상 아버지 운명하시니 이 어린 자식들과 어떻게든 살아야지 하는 책임감부터 앞서더라고 하셨다.

당시의 우리 집은, 해방 후에 있었던 토지개혁으로 농토가 많이 줄었고, 거기에 금융조합에 다니시던 아버지까지 돌아가시어 갑자기 궁벽한 농촌 살림이 되었다. 여유 있게 살던 집안이 삼 남매의 교육 문제도 쉽지 않은 형편이 되어 버렸다.

어머니 친정댁은 천석 군이었다고 한다.

시집오실 때 이불 열두 채와 매표 재봉틀에 많은 비단 혼수를 가져오셨으나 시아버지에 이어 남편 상복 입느라고 제대로 입지도 못한 고운 혼수를 해마다 두 딸 명절옷 만드는데 이용하셨다. 추석 때는 숙고사 갑사 항라 옷을, 설 때는 양단 모본단 유똥옷을, 동네서나 학교에서나 우리처럼 비단으로 옷 잘 입은 또래도 없었다. 나는 속도 모르고 이런 예쁜 옷 입는 명절을 손꼽아 기다렸다. 이 얼마나 철없는 짓이었는가.

우리들 생일 떡은 출가할 때까지 한 해도 거르지 않았고, 학예회며 운동회며 각종 학교 행사에 빠지지 않으셨다. 심지어는 졸업 사은회 날도 얌전스럽게 고명 얹은 조기찜을 큰 접시에 담아 십 리 밖 먼길을 들고 오셨으니 얼마나 힘드셨을까. 선걸음에 되돌아가시던 어머니의 뒷모습이 눈에 선연하다. 가까이 사는 친구 엄마들은 아무도 안 오셨는데.

내가 도시락밥이 먹기 싫다고 투정하면, 보리쌀로 밥밑 놓던 여름에도 쌀을 노랗게 눌려서 빳빳하게 도시락처럼 접어 주셨던 어머니의 정성을 잊을 수가 없다.

그러면서도 우리들 성장기에 잘못이 있을 때는 가차 없이 꾸중하셨다. 훗날 직장 선배에게서 백 선생 자당님께서 퍽 엄격하셨죠? 라고 묻는 말을 듣는 순간 나는 어머니의 가르침이 헛되지 않았구나싶어 기뻤다.

내가 홀어머니 밑에서 자란 것을 알고 격려로 해주는 덕담이었을 게다.

또한 통찰력 있고 냉철한 어머니께서는 일상생활 속에서도 자손

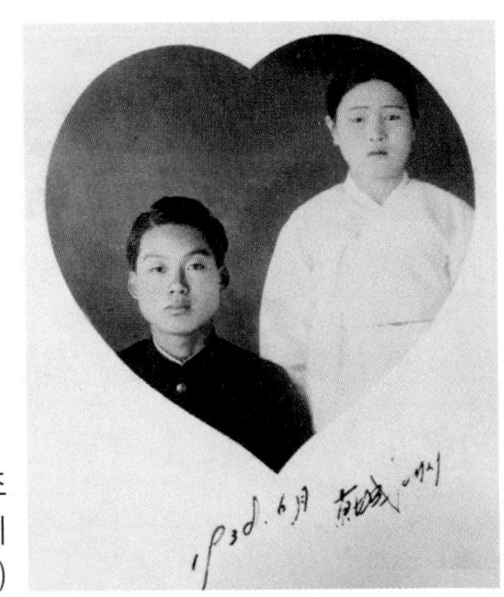

신혼초, 강경상업학교 졸업 후, 금융조
합중앙회 교육 중 엄마가 상경하여 함께
(1938년 6월 경성에서-아버지 친필))

들에게 간단명료하게 가르침의 말씀을 잘하셨다.

내가 남편에게 자상함이 없고 무뚝뚝하다고 불평하면 그래서야 어찌 큰 그릇 되겠느냐고 나무라시며,

"부부간에도 정情 각각 흉 각각이다. 든 정 나기 쉽고 난 정 들기 어렵다는 말씀으로 부도婦道를 가르치셨다."

이런 어머니의 가르침과 큰 사랑을 어찌 다 이루 표현할 수 있을까.

십여 년 전 두 딸이 사는 서초동에 마지막 다녀가시던 날, 예감이나 하신 듯 지금 가면 언제 오시느냐고 여쭙는 말에

"죽지 않고 살면 따뜻한 봄 되면 오마" 하시더니, 가신지 채 열흘도 못 되어 병이 나셨다. 급히 인근 대학병원 응급실을 거쳐 중환자실에 입원해서 2주간 급성폐렴 치료를 받으셨으나 차도는 없고 여전히 혼수상태이셨다.

코에는 산소호흡기, 입에는 식도관, 손등에는 링거 꽂혀 있고, 치

료 거부를 하셨는지 양손과 발은 침대 네 귀에 묶여 있고, 식도관을 혀로 밀어내시었는지 반창고로 고정시킨 양 볼엔 상처가 나 있었다. 차마 안타까워 볼 수 없는 모습이었다. 처음엔 잠시 의식을 찾으신 듯하여 기뻐하며 치료받으면 차츰 나으시겠지 희망도 가졌다. 몸이 부었다 내렸다 하는 어머니의 병색에 따라 우리는 일희일비하였다. 그러다가 폐렴이 악화되셨다는 진단이 추가되면서 회생할 가망이 없다는 판단을 하게 되었다.

고심 끝에 우리 삼 남매는 평소에 원하시던 어머니의 뜻을 따르기로 하였다. '나 아프거든 병원에 오래 두지 말라'고 하시던 어머니의 소원이었다.

이튿날 언니와 함께 주치의를 찾아갔다. 의사는 우리의 말을 일언 지하에 잘라 버렸다.

"하나의 귀중한 생명을 본인의 의사 없이 자식이 원한다고 그렇게 할 수는 없습니다."

나는 혼수상태인 본인이 어떻게 의사를 밝힐 수 있느냐고 따지면서 통사정을 했다.

"선생님! 그간 우리 어머니 살려내려고 수고 많으셨는데 이런 말씀 드려 죄송하나, 회생 가망도 없는데 더 이상 고통 드릴 수 없습니다. 어머니께서는 평소에 집에서 눈 감게 해 달라고 늘 당부하셨습니다. 우리 삼 남매가 합의한 사항이니 어느 누구도 이의할 사람 없습니다."

그러자 의사는 방법을 알려 주었다.

"정 그러시다면 다른 병원으로 옮기겠다고 말씀하세요."

그렇게 되어 어머니를 오빠네 집으로 모시게 되었다. 집에 모셔 오자 어머니의 안색이 예상외로 편안해 보였다. 우리들의 마음도 편안했다. 산소호흡기를 빼서 숨쉬기 고통스러워하시면 어쩌나 걱정했는데 주무시는 듯 가는 숨만 쉬셨다. 올케언니가 끓여온 미음물을 내가 떠 드리니 싫은 표정을 지으시더니 며느리가 떠 드리는 것은 한 번 받아 드시는 시늉하셨다. 며느리의 성의를 저버리지 않으셔 보기 좋았다.

이튿날 아침 아들 며느리가 물수건으로 닦아드리니 개운해 하셨다 한다. 운명이 가까운듯하여 유품을 정리하였다. 올케언니는 평소에 입으시던 본견 두 벌이 들어있다며 봉투 두 개를 내놓았다. 실크옷 한 벌은 '49재 때 소화시킬 것' 깨끼옷 한 벌은 '운명할 때 갈아입힐 것'이라는 간지間紙가 든 유언장도 나왔다. 회갑 지나고 손 없는 윤달에 명주와 인조견, 안동포로 단정하게 손수 꿰매 놓으신 수의도 나왔다. 여름에는 볕 쬐고 통풍시키면서 간수한 것이라니, 사후관리까지 이렇게 하셨다는 생각에 가슴이 미어졌다.

점점 까무러지시는 듯하여 언니와 나는 깨끼옷으로 갈아입혀 드렸다.

1998년 12월 22일 낮 1시 반, 어머니는 당신이 원하시던 집에서 삼 남매의 임종을 받으며, '스르르 짚불 사라지듯이' 운명하셨다.

'봄이 오면, 봄이 오거든 다시 올게.'

열릴 수 없는 입술 속에는 그전에 하시던 이런 말이 담겨 있는 듯하였다.

"봄 되면 오신다더니"

나는 더 들을 수 없는 어머니의 마지막 말씀을 되뇌면서 머리맡의 문갑을 열어보았다. 지갑 위에 '손에 쥐여줄 노잣돈'이라고 씌어있는 하얀 종이쪽지와 그 속에 만 원짜리 5장, 오천 원짜리 1장, 천 원짜리 5장이 들어있었다.

왕생극락往生極樂하시라고 모두 어머니 손에 쥐어 드렸다.

(한국수필 2011년 10월호 게재)

'충남 보령군 주산면 신구리 576번지 고향 뒷산에 28세에 돌아가신 아버지 곁에 82세에 돌아가신 어머니와 나란히 잠들어 계시다.'

조손 간의 사랑(외할머니와 외손자)

대천에서 어린 시절(82) (1·3·4년 대천초등 학교 가는 길)

이 세상에서 조손 간의 사랑이 서로 애틋한 것은 상정이지만, 우리 세 아이들은 유난히 외할머니를 좋아했다. 할머니도 이런 손주들을 끔찍이 여기시고 언제나 염주를 굴리시며 손주들을 바라보시는 눈빛엔 늘 자애로운 사랑이 넘쳤다.

서울로 이사 온 뒤, 어언 대학생이 되고, 할머니는 극 노인이 되시어 가끔 우리 집에 오시면 학교 갈 때 정겨운 인사를 주고받는다.

"할머니, 다녀오겠습니다."

둘째가 소파에 앉아계신 할머니께 인사를 드린다. 천식으로 숨차고 거동 불편하신 할머니는 바로 일어서지 못하고 "응, 그래." 대답 먼저 하신다. 바삐 가야 할 손주의 발목 잡지 않으려는 뜻이다. 손자가 신을 신는 동안 지팡이에 의지하여 가까스로 현관 앞에 가서 "잘 다녀오너라." 매듭 인사를 하신다.

그래도 아쉬운지 긴 복도를 지팡이 짚고 세월없이 따라가신다. 그러나 손주는 이미 엘리베이터 타고 떠나 버렸다.

닭 쫓던 개 울 넘어 보듯 허탈한 마음으로, 곧바로 그 옆의 창문을 열고 창밖을 내려다보신다. 잠시 후 경비실 쪽에서 나타난 손자는 약속이나 한 듯 고개를 빨딱 젖히고 4층 할머니를 향하여 손을 흔든다. 할머니도 따라서 미소 지으며 손을 흔드신다. 그리고선 바삐 가는 손주 뒷모습을 시야에서 벗어날 때까지 물끄러미 바라보고, 서 계신다.

손주는 화단가 커브 길에서 또 한번 멀리 서 계신 할머니를 향하여 더 높이 손을 들고 마구 휘젓는다. 감동스런 장면이다. 꽃밭의 자줏빛 모란이 조손간의 아름다운 헤어짐을 축복해주는 듯 환하다. 할머니는 그때서야 복도 창문을 닫고 터벅 터벅 들어 오신다.

대학생 된 손주들과 외할머니 팔순 날(삼원가든에서 96. 음 7. 15)

어느 날엔 손을 흔들지 못하는 날도 있다 한다. 지나는 사람이 있을 때는 웬 청년이 길 가다 말고 우뚝 서서, 허공 중에 손 흔드나 이상하게 생각할 것 같아서란다.

그 손주가 대학 졸업 후 집에서 고시 공부할 때의 일이다. 할머니가 노인정에서 돌아오시는 시간은 오후 4시 반쯤 일정하다. 상가 3층 노인정에서 집까지 지팡이 짚고 걸어오시려면 할머니로선 힘든 거리이다. 깔방석을 가지고 쉬엄쉬엄 오신다. 4층 엘리베이터에서 401호 복도 끝까지 걸어서 현관에 들어오실 때는 숨차서 헐떡이며 안색은 창백하시다.

그렇게 병약하신 할머니를 생각하여 엘리베이터 쪽에서 '또옥 또옥' 지팡이 소리만 나면 문간방에서 공부하던 둘째가 미리 현관문을 열어놓는다. 힘든 할머니께 잠깐이라도 지체하시지 않게 하려는 손주의 갸륵한 마음이다.

그 이후 할머니는 손주 일에 지장 주지 않으려고, '힘드셔도 지팡이를 짚지 않고 뒷짐 지고 오신다.' 손주 배려하는 할머니의 마음도 지극하시다.

그 후 어느 날 갑자기 외할머니께서 위중하시다는 연락을 받았다.

학교 도서관에 가려던 큰손주가 저도 엄마와 이모 가는 길에 가뵙고 싶다 하더니 할머니 댁 방에 들어서자마자 의식을 잃으신 할머니를 병원에 모시고 가려고 등에 업으려 한다.

경황 중에 뒤늦게서야 119를 불러 병원으로 모시고 가는 차 속에서 큰손주가 '제 상의를 벗어 할머니께 덮어 드리는 모습'을 본 이모가 같은 차 안에서 딸도 생각 못 했는데 하며 감탄하신다.

며칠 후 고시 2차 시험이 임박한 둘째가 할머니 소식을 듣고 병실이 어디냐고 묻는다. 그 말끝에 퇴근길에 술 한잔을 한 남편이 "너는 그런 감상에 빠질 때가 아니야, 할머니의 의도도 그게 아니셔." 하며 단호하게 말린다. 나는 "할머니 돌아가시면 장례식 날도 빠져야 할 텐데." 하니 "장례식엔 못 가도, 할머니 뵙고 싶어요." 하며 화를 버럭 낸다.

아버지 앞에서 불손한 말은 처음인 것 같다. 남편을 설득하여 또 뵙고 싶다는 형과 나란히 할머니께 문병 가기로 하였다.

그렇게도 부모 말 어기면서까지 따라온 둘째가 제일 먼저 면회 들어가서 눈이 발갛게 울며 나왔다. 제한된 30분 중 거의 반은 차지한 것 같다. 다른 문병객에 밀려, 나는 면회도 못 했지만 '할머니를 향한 둘째의 마음이 내 가슴에도 뜨겁게 와닿는다.' 며칠 후 운명하셨으니 이번에 못 뵈었으면 두고두고 한으로 남길뻔했다. 얼마나 다행스러운지.

그리고 그간 할머니께서 우리 집에 오시면 항상 좁은 방을 같이 쓰게 되는 손녀가 불평은커녕 오히려 좋아하며 늘 잘해드리니 기특하다. '밤마다 잠자리에서 당뇨이신 할머니께 손끝 맛사지를 해드린다고 노인정 친구분께 손녀 자랑하시더라는 그 말씀을 돌아가신 뒤에 전해 들으니 더욱 감동스러웠다.'

이 불초여식은 그런 줄도 몰랐는데.

우리 집에 마지막으로 와 계신 동안에, 우리 내외가 시어머님 제

사 지내러 고향에 갔다 오니 손녀 칭찬을 하신다.

"조석 준비는 물론 당뇨, 갑상선, 천식으로 여러 차례 복용하는 약을 꼭꼭 챙겨 주더라"시며 "너의 애들은 말할 수 없이 착하지…."

한마디 남기시고 영영 떠나셨다.

언제나 염주 굴리시며 행복하고 사랑스런 표정으로 늘 웃으며 손주들을 바라보시던 할머니의 모습이 지금도 눈에 선연하다.

(한국수필 2016. 1월호에 게재)

붓 한 자루 들 힘만 있으면

예술의전당에서 수강 중(1995년)

'좋은 취미는 인생을 윤택하게 한다.'

우리 할머니의 취미는 독서와 장기 두기였다. 책은 새로 사서 읽으시는 게 아니고 열다섯 살 시집오실 때 가져오셨다는 책들이다. 누렇게 찌든 종이에 고체로 인쇄된 국판 크기의 삼국지, '단종 혈사' 등과 창호지에 서간체의 붓글씨로 직접 필사하셨다는 사륙배판 규격의 구운몽과 사씨남정기였다.

이 책들을 안방 벽장에 두고 늘 한 권씩 꺼내어 읽으셨다. 낮에는 집안일을 하고 쉬는 시간에 틈틈이, 밤에는 잠을 청한다고 등잔불 밑에 누우셔서 낭독하셨다.

78세에 종손자와 장기 두시다가 돌아가실 때까지 평생 이 책들을 수없이 읽으셔서 서책의 겉모양이 제 모습이 아니었다.

장기는 내가 태어나기 전 할아버지와 두 분이 두셨다고 한다.

사랑방에서 "장야 궁야." 하시며 흥미진진하게 열전을 벌이셨다는데, 홀로되신 후에는 다니러 온 당신의 손주들과 이웃 사는 종손자들이 마실 오면 늘 안방에서 장기를 두셨다.

손녀인 나와는 차 포 떼고 두는 상대지만 어쩌다가 한 번 지시면 그다음 날 내가 퇴근하자마자 "장기 또 두자." 하실 정도로 성벽이 대단하셨다. 장기 두실 때는 장기 알 잡은 손을 떼지 않고 밀었다 끌었다 하시다가 혹 초반전에 외통으로 이기시게 되면 "거먹 판에서 이겼다." 하시며 합죽한 입을 딱 벌리고 통쾌하게 웃으셨다.

정월 초닷샛날 조카네에서 정초 초대받으셔 맛있는 떡국 대접 잘 받으시고 집에 오셔서 마실 온 큰댁 종손자와 우리 집 안방에서 좋아하는 장기 두시다가 혈압 올라, 3일간 코 골며 잠만 주무시는 동안 이웃에 사는 조카들, 종손들은 물론 외지에서 모여든 자손들의 임종 다 받으시니 이 얼마나 복된 죽음이신가?

이런 게 오복 중 하나인 고종명이라 하는가 보다.

한집에서 사는 손녀인 나에게 평소에 늘 당부하시기를 나 죽으려고 할 때 염불 해 달라는 말씀대로 나는 운명 직전 3일 밤 아무 의식 없이 코만 고시는 할머니 곁에서 잠 안 자고 계속 염불해 드렸다.

'남방화주 고혼천도 지장보살'이라는 말을 염불하듯이 해드렸다. 물론 무슨 뜻인지 모르면서도 그렇게 외웠다.

어릴 적부터 난 우리 할머니의 취미는 참 좋다고 생각했다.

'독서는 혼자 있어도 외롭지 않고, 장기는 젊은 손자들과 벗할 수 있으니.'

그러다가 나는 교직을 정리하고 서울로 이사하여 살게 되었다.

직장에 나가지 않게 되었으니 취미생활 한 가지는 해야겠다는 생각을 하였다. 고심 끝에 붓 한 자루 들 힘만 있으면 노후까지 할 수 있는 서예를 떠 올렸다.

마침 우리 동네 서초동에 예술의전당이 있다.

매년 8월에 신문광고로 수강생을 모집한다는 말을 듣고 유심히 살피다가 신문광고를 보는 즉시 예술의전당 서예관에 뛰어갔으나 글씨 반은 이미 차 있어서, 한 자리 남았다는 문인화 반에 겨우 등록하게 되었다.

매·난·국·죽 사군자란 말은 들었어도, 문인화란 사군자를 기초로 하여 화훼, 초충, 산수 등을 그리는 격조 높은 그림이라는 것을 뒤늦게야 알게 되었다.

내가 처음 입문한 문인화반의 일사一史 구자무具滋武 지도교수님께서는 시서화 3절을 겸비하신 문인화계의 국내 1인자라는 분이시었다.

엉겁결에 등록하고 보니 화제를 써야 하고 서예를 하여 필력을 쌓아야겠다는 생각이 들었다. 그리하여 2년 수강하다가 붓글씨를 배운 뒤에 다시 오겠다는 말씀드리고 글씨 반으로 옮겨갔다.

한문 5체 중에서 해서체는 전에 조금 썼기에, 화제에 좋다는 행초서를 소헌紹軒 정도준鄭導準 선생님께 예서체와 배우고, 한별 신두영申斗榮 선생님께 한글 궁체와 고체를 배웠다. 미처 못 배운 전서체는 후일 추가로 배우리라.

5년간 서예를 주마간산 격으로 섭렵한 뒤, 다시 문인화 반에 되돌아가서 훌륭하신 강사님께 배운다는 긍지심을 갖고 즐거운 마음으로 17년간 꾸준히 수강했다.

그러나 일사 선생님께서 생을 마감하실 무렵에 22년간 문턱 닳듯 다니던 정든 예술의전당을 우리 강사님 퇴직과 함께 나도 떠나게 되었다.

맨 처음 문인화 반에 입문하던 1990년 9월 초 서예관 제3기 개강식 날, 그 당시 예술의 전당 조경희 이사장님의 환영사가 인상에 남는다.

"여러분! 국내 최대의 시설에, 국내 최고의 강사님을 모시고 배우게 됨을 축하합니다. 이곳에서의 묵향이 전국 곳곳에 번질 수 있는 모티브를 이룹시다."라는 말씀이.

붓 하나 들 수만 있으면 노후 최후까지 취미생활을 할 수 있을 것이라는 생각으로 서예를 시작했으나, 취미생활도 하고 싶다고 다 되는 것이 아닌가 보다.

여러 가지 여건에 맞아야 한다는 것을 깨달았다. 열심히 따라서 배우고 싶은 강사님께서 별세하시고, 손주 보살펴야 하는 사정이 생기고, 나이 70 된 기념으로 인사동 경인미술관에서 '초등학교 동창 고희기념 4인전'을 마감으로 그만 접어야 하는 단계에 이른 것 같기에 나도 강사님 퇴임과 동시에 등록을 접게 되었다.

그러나 우리 집에 문방사우가 갖춰져 있고 여러 서첩, 화첩과 22년간 모아놓은 각종 체본도 있으니, 이 하고 싶은 욕망이 살아있는 한 언젠가는 다시 붓을 잡고, 우리 할머니처럼 생을 마감하는 날까지 이어가리라.

(한국수필 2017. 11월호)

할아버지 운동화(할아버지와 손자)

대천초등학교 석현 입학식 날 할아버지와 함께(1981년 3월 2일)

우리 아이들은 맞벌이 부모의 세대다. 두 살 위의 형과 두 살 아래의 여동생 틈에서 태어난 둘째 아들은 주로 어릴 적에 할아버지 댁에서 자랐다.

어린 것이 엄마, 아빠를 떨어져 있는 게 안쓰러웠지만 조부모님과 삼촌 고모의 많은 사랑을 받으며 시골 농촌에서 자라서인지 성격이 넉넉하고 여유롭다.

아이들은 성장하면서 고향에 계신 할아버지 할머니 생각을 많이 했다. 어릴 적에 서천과 대천 근거리에 살며 아이들이 자주 왕래하며 살다가 서울로 이사와 사니 더 아쉬워하는 듯하다.

서울로 이사 온 뒤 할아버지 할머니는 왜 우리 집으로 이사 오지 않으셔요? 하던 큰 손자나, 머리에 찬 바람이 닿으면 안 되니 중절모자를 사드려야 한다는 둘째 손자나, 미국으로 출가한 손녀는 병석에 외롭게 지내실 때 밤마다 전화를 드려 할아버지를 기쁘게 해 드린 생각 하면 지금도 눈물겹다.

그런데 할아버지 할머니께서 큰손주 결혼식 참석하기 위해 상경하시던 날의 일이다. 전날 목욕탕에서 화상을 입으셨다며 함께 올라오신 할머니께서 할아버지께 약을 발라 드리고 계셨다. 민간요법이라며 가슴에 길게 물집이 생기고 벌건 부위를 전날부터 발라 드렸다는 소주를 바르고 계셨다.

나는 속으로 손자 결혼식 보신다고 목욕탕에서 뜨거운 물을 얼마나 끼얹으셨길래 저런 정도로 부르트셨을까? 하며 아프진 않으시냐고 여쭈니 첫날은 뜨끔뜨끔 하다고 하시더니, 며칠 후엔 근질근질하다고 하셨다.

이튿날 결혼식 날 아침에 우리 부부는 약국에 가서 화상에 좋다는 후시딘이나 마데카솔을 사다가 발라 드린다고 말씀드렸는데, 형 결혼식 참석을 위해 출근하지 않은 작은 아들이 그 말을 듣더니 제가 피부과 병원에 모시고 간다고 한다.

'치료 방법에도 세대 차가 나는구나.' 하는 생각이 들었다.

할아버지 세대는 민간요법으로 소주를 바르고, 아들 세대는 마데카솔을 사다 드린다고 하고, 손자 세대는 피부과 병원에 모시고 갔으니.

집 가까운 강남역 인근 피부과 병원에 모시고 갔던 손주가 황급히 오더니 '대상포진'이라며 빨리 큰 병원에 입원 치료받으셔야 한다는 말을 전한다.

원거리에서 장손자 장가드는 모습 보기 위하여 기쁜 마음으로 올라오신 분을 결혼식장에도 못 가시게 하면 섭섭하시겠다는 마음이 들었다.

그리하여 예식을 보신 후 한 달간 입원 치료받으신 후 내려가셨다.

그 이후엔 시골에서 넘어지셔 고관절 골절로 대전 병원에서 입원 치료받으시던 중 심장박동기 달아드리는 수술 받으셔야 한다는 소식 듣고 이튿날 대전 병원에 내려가 보니 직장에 있어야 할 둘째가 우리보다 먼저 할아버지 병실에 와 있는 게 아닌가? 깜짝 놀랐다.

수술 전날 퇴근길에 직접 대전으로 내려가 할아버지 병실을 지켜드리고 이튿날 중한 수술 받으시는데 봐 드리고 싶었다는 말에 대견스러웠다. 수술 대비하여 모여든 우리 부부와 삼촌 고모들을 보곤 슬그머니 빠져나가 상경하여 늦게 출근한 효손이다.

그처럼 좋아하던 할아버지께서 2016년 1월 9일 96세로 돌아가신지 몇 해 후, 어느 날 둘째가 현관에 들어서자마자 나이키 마크가 붙은 은색 운동화를 보곤

"어! 이 운동화가 여기 있네요." 하며 놀란다.

"응, 이 운동화. 할아버지 장례 모신 뒤 유품 정리할 때 버리지 않고 내가 신으려고 가져온 거야." 아버지께서 말씀하신다.

"예? 이 운동화는 오래전에 할아버지 올라오셨을 때 발 아프다고 하시어, 제가 신으려고 미국에서 숙영이에게 부탁하여 사다 놓은 것인데 할아버지 신으시라고 드렸던 것인데요."

그런 사실을 식구들 아무도 몰랐다. 그처럼 할아버지에 대한 지

고지순한 사랑이 감동을 주었다.

할아버지나 아버지는 나이키가 뭔지도 모르는 분들이시다.

아직도 할아버지의 나이키 운동화는 우리 집 신장에 가지런히 놓여있다.

아버님의 운동화를 볼 때마다 옛날에 둘째가 대학입시 직후 할아버지 댁에 내려가서 발표를 기다리던 중 기쁜 소식을 전해드릴 때 생각이 난다.

"아버님 석현이 서울 법대 합격했어요." 전화로 말씀드리니 첫 말씀에 "자네가 수고했네." 하시던 그 자애로운 말씀은 만인의 축하보다 더욱 감사하고 기뻤다.

그리고 할아버지를 지극히 사랑하는 손주의 마음이 담긴 운동화를 볼 때마다 나의 눈시울을 적신다.

(한국수필 2018. 1월호 게재)

첫 손녀 중학교 입학식

서일중 입학식(2019. 3. 4)

사랑스러운 손녀가 중학교에 입학하는 날이다. 초등학교 1학년 때 어느 책에서, 넌 어떤 숫자가 제일 좋니? 묻는 말에 엉뚱하게 입학하는 나이 '8'자가 좋다고 하던 때가 엊그제 같은데 벌써 중학생이라니 세월의 빠름이 실감 난다.

입학식 며칠 전 우리 며느리의 당부가 있었다.

"어머님 나영이 졸업식이 2월 15일이고 입학식은 3월 4일인데, 졸업식 때는 저희가 휴가 내서 갈 테니까, 입학식 날은 아버님과 어머님께서 참석해 주세요." 한다.

할아버지와 할머니의 마음을 배려하여 그런 기회를 준 아들 며느리가 고맙기도 하고, 반가워서 무슨 벼슬이라도 한 것처럼 기쁜 마음으로

"응, 그래? 알았다." 하고 선뜻 대답하였다.

이 손녀의 임신 소식을 처음 들었을 때

"아이 낳으면 내가 봐줄게." 하고 얼른 반기는 기색을 보였던 일이 떠오른다.

이런 이야기를 전해 들은 미국의 딸은

"엄마 친구들 말에 엄마가 멋모르고 하는 말이래."

하며 걱정하였지만 나는 손녀 보는 일을 마다하지 않았다.

도우미 아주머니와 격일로 이웃집에서 바쁘게 뛰어다녔다.

가까이 사는 언니와 우면산에 산책갔다가 손주 봐주기 싫어 이민이나 갔으면 좋겠다던 어느 아주머니 말처럼 나도 겪어보니 자유롭지 못하고 힘들기는 했다. 그렇지만 손녀의 어린 시절, 귀엽고 예쁜 모습을 떠올리면 힘들었던 생각보다는 사랑스럽고 흐뭇한 마음이 앞선다.

할미 따라 부엌에서 주걱 빨던 모습, 꿈틀대는 벌레보고 "까꿍 까꿍" 하던 모습, 밥솥 증기 잡으려고 손짓하던 모습, 가르치던 선생님께 "맛있니? 갈라구?"

12월 첫날 츠리를 가리키며 "함머니, 크리마스 트이"

치료해준 의사님께 "빠이빠이 내일 보자."

"네 잠바 예쁘구나!"

서초초교 졸업식(2019. 2. 15)

"함머니도 사주까?"

이처럼 서툰 말로 재롱부리던 그 시절을 떠올리면 중학생이 된 지금도 그저 사랑스럽기만 하다.

손주 키우는 이 즐거움을 미처 모르고, 요즈음 많은 할머니들이 손주 봐주는 일을 외면한다고 하니 안타깝다.

드디어 손녀 중학교 입학식 날이다. 감개무량하다.

우리 두 내외는 날아갈 듯이 기쁜 마음으로 단정하게 차려입고, 할아버지는 식장으로 난 꽃집으로 달렸다. 빨간 장미꽃 둘레에 하얀 안개꽃을 꽂은 꽃다발이다. 상큼하고 아담한 모양이 손녀를 닮았다.

오후 2시 입학식에 맞추려 바쁜 걸음으로, 우리 집 바로 뒤에 있는 서일중학교로 향했다. 식장에 들어서니 입학생들과 학부모들로 꽉 차 있었다. 그 틈을 비집고 먼저 들어가신 할아버지를 찾았다.

우리처럼 할머니와 할아버지가 참석한 분들도 더러 보인다.

여자 교장 선생님의 간단명료한 환영사가 인상 깊다.

"첫째 현재가 중요합니다. 오늘 일을 내일로 미루지 마세요.

둘째 창의적인 노력으로 이웃과 사회에 도움 주는 사람 되세요.

셋째 남의 의견을 존중하고 배려할 줄 아는 사람 되세요."

나영이도 그런 사람이 되길 바라며, 축하의 꽃다발을 안겼다.

우리 부부는 사랑스러운 손녀 양쪽에 서서 개선장군처럼 흐뭇한 미소를 지으며 기념사진을 찍었다.

손녀의 다정한 친구 이태원, 최일아도 함께 찍어 주었다.

활짝 웃는 모습들이 참 예쁘다. 집에 와서 사진을 보고 또 본다.

부디 아름다운 인성을 품는 여중생이 되기를 바란다.

(2019년 3월)

크리스마스 특송(white christmas)

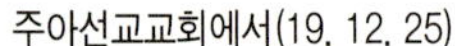
주아선교교회에서(19. 12. 25)

버지니아에서(07. 1)

서초동 일대 재건축 관계로 신림동에서 잠시 살던 시기가 있었다. 그해 초겨울 선교교회 목사님과 도림천 변을 작은아들과 함께 걷게 되었다.

서울대학교 앞에서 신림역 쪽으로 흐르는 넓고 긴 이 하천은 섬진강처럼 물이 맑고 잔잔하여 유난히 햇빛에 반짝인다.

그 물속에는 커다란 잉어들과 미꾸라지, 송사리 떼들이 줄지어 헤엄쳐 다니고 왜가리, 청둥오리 같은 희귀한 새들도 이곳에서 서식하고 있다.

키가 껑충한 왜가리 한 마리는 가끔 나타나 가냘픈 다리 한 짝 올리고 우뚝 서서 묘기 자랑을 한다.

청둥오리 한 쌍은 여러 마리 새끼들을 거느리고 물속과 가장자리

풀 섶을 헤엄치다가 널찍한 돌 위에 옹기종기 모여앉아 햇볕을 쬐는 모습들이 장관이다.

우리처럼 하천 변을 걷는 사람, 사이클 족과 지나가던 사람들도 잠시 멈추어 서서 신기한 듯 그 모습을 구경하다가 여기저기서 사진을 찍기도 한다.

개울가에 설치된 운동 시설을 이용하는 사람들과 배드민턴이나 농구를 하는 청소년들, 냇물이나 풀장에서 깔깔거리며 노는 어린이들을 지켜보는 젊은 엄마들과 할머니들도 행복스러워 보였다.

가끔 다리 밑 그늘의 벤치에 앉아 신문을 볼 때 아들의 모습도 평화로웠다.

이 도림천은 도심에서 보기 드문 생태계가 살아 움직이는 하천이며 남녀노소의 거대한 놀이터이다.

작은아들과 동갑내기인 목사님은 재기발랄하고 명랑하며 배려심이 많아 '역시 성직자는 다르구나' 하는 느낌을 주는 분이다.

개울가에 설치된 스피커에서 잔잔하게 흐르는 클래식 음악을 들으며 걷다가 갑자기 노래 한 곡씩 부르자고 제안하더니 목사님 자신이 먼저 한 곡을 부른다. 이어서 우리 아들이 white Christmas를 부르기 시작하였다. 평소에 그 노래를 좋아하던 나도 따라서 불렀더니 뜻밖에 목사님께서

"오는 크리스마스 행사에 모자 특송을 해주세요." 하고 권한다. 난 엉겁결에 흔쾌히 대답은 하였으나 발표 날이 점점 다가올수록 부담이 되었다. 젊었을 땐 성악 전공했느냐? 성가대였느냐? 묻기도 하고 주부가요 열창에 나가보라는 말을 듣기도 하였지만, 80 가까

운 나이 되니 그게 아니다.

고음은커녕 음이 갈라지며 가끔 닭 목을 비트는 소리처럼 탁음이 나오고, 폐활량이 약해지니 숨차서 긴 음을 낼 수가 없다. 우리 아들 망신만 시킬 것 같았다.

그리하여 목사님께 젊은 성악 지도 강사님이나 찬양곡을 잘 부르는 신학대학원생을 추천 의뢰하였으나 모자송이 더욱 의미가 있다며 단호히 거절한다. 하는 수 없이 그냥 부르게 되었다.

다행히도 아들이 클래식과 팝 음악을 즐겼으며, 신중하고 넉넉한 성격이기에 엄마의 부족함을 잘 커버해 준듯하다.

그리고 상냥하고 발랄한 성악 지도 J 강사님의 수고 덕분에 그런대로 호평을 받게 됨에 감사한다.

'언제 다시 사랑하는 아들과 귀한 무대에 나란히 서서 노래를 부를 수 있을까?' 감개무량하였다.

뜻하지 않게 이런 기회를 주신 P 목사님께 새삼 감사드리며 잊지 못할 아름다운 추억으로 남는다.

(2021년 리더스 에세이 봄호에 게재)

나의 친구 '선교사 김신자'

선교사 자녀 교육과 보호에 평생을 바치다

*주님을 사랑했던 선교사

*어린이를 사랑했던 교사

*선교를 위해 자신을 드린 헌신자

*한국교회 최초MK의 어머니(1990년~2015년)

*한국선교사자녀교육개발원(KOMKED) 설립. 사무총장직에 임함 (1997~2015년)

*퇴직금 전액 김신자MK장학기금으로 헌납(2015년)

무엇이 그리 바빴는지. 2015년 초겨울 초임지 라이베리아에 다녀온다며 황망히 떠났다. 친구들의 저녁 약속도 저버리고 출국 준비 바쁘다며 다녀와서 3월에 만나자더니. 떠난 지 며칠 안 되어 사경을 헤맨다는 다급한 전화가 왔다. 본인은 전화 걸 수도 없어 함께 있던 이질녀에게 부탁한 듯하였다. 목소리만이라도 들었으면 좋으련만.

그 후 여러 차례 전화했으나 그 나라는 연결이 안 된다는 말만 나온다.

우리 시아버님께서 병환 중이 아니시면 뛰어가고픈 심정이었다.

궁리 끝에 친구가 근무하던 한국선교사자녀교육개발원으로 전화했다. 의외로 만난 적이 있던 최경운 간사님이 현지에서 전화를 받는다. 12월 13일 운명하여 그 시간이 나이지리아에서 장례식 진행 중이라 한다. '떠난 지 채 한 달도 못 되었는데' 청천벽력이었다. 한국에서 네 분의 장례위원들이 묘비 준비 등 주선 관계로 장례가 좀 늦어졌다고 한다.

친구는 황해도에서 다복하게 살다가 6 · 25사변 때 피난 내려와 군산에 정착하여 군산사범학교 입학 때부터 나와의 인연이 시작되었다. 3년간 같은 학교에 다니며 클럽활동 영어회화반에 함께하면서 우정이 다져진 친구다.

우리 졸업 무렵엔 교사 발령이 빨리 난다는 충남으로 지망하여 내 고향 보령시에서 함께 근무하였다.

친구 남편은 보령 장학사직에 보임 후 나의 세 아이들이 다니는 대천초등학교 교장직에 계실 때 안타깝게도 별세하여 친구 40대에 청상이 되었다. 그 당시 나는 이웃 학교에 근무할 때였다.

소생이 없는 이 친구 어떻게 노후를 보낼까 걱정되었는데 서울로 훌쩍 떠나 신학교에 입학하였다. 그 뒤 선교사 교육과정 6개월 연수 후 이역만리 최빈국 서아프리카의 라이베리아에 지망하여 선교사직에 첫 사역을 시작하였다.

평범한 기독교인으로 교직과 가정만 알던 친구였기에 충격적이고 대단한 결단이었다. 평소의 대범하고 결기 있는 품성을 여실히 보여준 것이다.

4년 뒤 나이지리아에 이동한 후 자신은 자녀도 없으면서 선교사 자녀교육이 잘 돼야 제대로 사역할 수 있고 그의 자녀들을 잘 성장시킬 수 있겠다는 일관된 신념을 갖게 되었다. 지원제도가 잘 되어 있는 타국에 문의하는 등, 1990년부터 한국교회 최초로 SIM 한국선교사MK사역하며 열정을 쏟았다.

"어린이를 등에 메고 다니는 배낭으로 취급해서는 안 된다."

는 주장을 하며 1997년도에 귀국해서 한국선교사자녀교육개발원을 설립하여 초대 총무원장직을 맡아 생을 마감할 때까지 교육자적인 정신으로 어린이를 사랑했으며 기독교적인 사랑으로 하느님 일에 헌신하였다.

매년(1999년~2015년/17회) 여름 방학이 되면 각국에 있는 선교사 자녀 초, 중, 고생들을 본국으로 초청해서 2주간 본국 연합수련회를 개최하여 신앙심과 애국심을 고취하고 국가관을 심어 주었다.

학창 시절에 선생님들도 이론을 당할 수 없을 정도로 논리정연하고 학업성적도 우수한 모범생이었기에 30년간 세계 각 곳을 누비며 중책을 잘 감당해내는 기독교계에 큰 발자취를 남긴 인물이라 생각된다.

2010년에는 서울대 교수와 박사과정을 밟는 학생들의 협력을 받아 한국어책 4권을 발행하여 선교사 자녀교육에 크게 공헌하였다.

언젠가는 너 이곳저곳 뛰어다니니 얼마나 어렵니? 물으니

"하느님의 종으로서 보람을 갖고 하는 일이니 즐거워."

"그래, 넌 한 나라에 묻혀 선교사직에 있는 것보다 세계에 흩어져 있는 수많은 선교사자녀교육개발에 몸 바쳐 봉사하니 더욱 가치 있는 일이지. 너와 같은 능력자를 하느님께서 제대로 보고 쓰신 거야."

이런 말을 나누며 마주 보고 활짝 웃은 적이 있다.

한국선교사자녀교육개발원(KOMKED)설립은 김신자 선교사만이 할 수 있는 통찰력의 소산이라고 판단되며 테레사 수녀에 못지않은 성스럽고 값진 헌신과 봉사의 길이였다고 여겨진다.

'그처럼 사명감 가지고 즐거운 마음으로 MK사역에 헌신하더니 자신이 말한 것처럼 하느님의 여종으로서 평생의 꿈이었던 선교사로 열정을 쏟던 선교지에 가서 생의 최후를 맞고 싶었나 보다. 나이지리아 선교사 묘지에 영면한 천사 같은 친구! 이보다 더 큰 축복이 어디 있으랴.'

친구의 마지막 가는 길을 지켜보지 못하여 아쉽던 차에 다행히도 그 이듬해 2016년 1월 14일 한국의 모 선교교회에서 추모예배가 있다 하여 학창 시절 몇몇 친구들과 함께 참석하였다. 유족들과 많은 기독교인들이 '추모예배' 드린 후, 추모 영상에서 그의 활약상을

보고 이태석 신부 이상으로 훌륭하다며 이구동성으로 감탄하였다.

친구 떠나던 해 처음 맞는 크리스마스 날, 유난히 우리 집 안방에 햇빛이 쨍 비쳤다. 그 친구 하늘에 올라 하느님 곁에 앉아 온 세상 비추는 듯하였다. 경이로웠다.

학창 시절 함께 부르던 '들장미 영화' 주제음악을 소리내어 부르며 경사 난 듯 기뻐하였다.

'저 맑은 햇빛이 온 누리 비치니 우리는 항상 즐겁다.
내 비록 슬픔을 지녔을지라도 햇빛은 밝게 비치네.
오! 나의 안식처일세. 햇빛은 지지 않으리.
내 비록 슬픔을 지녔을지라도 햇빛은 밝게 비치네.~~~'

언젠가 저 멀리 그곳에 가서 그의 묘비를 어루만져주고 싶다.

"어린 시절 캠프를 통해 만난 선교사님, 늘 엠케이를 위해 힘쓰시던 선교사님을 아직도 잊지 못합니다. 정말 감사하고 또 죄송합니다. 조금이라도 선교사님을 닮기 위해 노력하겠습니다. 엠케이들에게 꿈과 희망을 주셔서 감사합니다."

- MK 생들 추모의 글 외 다수

노년의 행복

진흥 할아버지댁에서(2014.11)

"난 파란색을 좋아해요. 머리핀, 숟가락, 저금통. 그래서 남동생 보았대요."

집 가까이 나지막한 우면산이 있고, 친언니가 이웃에 살고 있다. 노년을 이런 곳에서 이렇게 살고 있으니 이보다 더 큰 축복이 어디 있으랴.

벚꽃 만발한 봄철이면 서초동 일대 아파트 단지를 누비며, 우리 언니 여고 시절 따라 부르던 '목련꽃 그늘 아래서 긴 사연애(긴 사연의 뜻을 몰라서) 편질 읽노라…'고 흥얼거리며, 철없던 어린 시절 이야기도 나누면서 활짝 웃는다.

어느 날 언니와 함께 산에서 만난 내 또래 부인이 뜬금없이

"손자 보기 싫어 이민이나 갔으면 좋겠다."고 하여
'손주 보는 일이 얼마나 힘들기에 저런 말을 할까?'
그때의 나는 이해가 안 가서 웃기만 하였다.

몇 해 후 우리 큰 며느리가 첫 아이를 가졌다는 말에 무척 기뻤다. 직장 나가는 며느리이기에 대뜸

우성 우리 집에서(2008. 5)

"아이 낳으면 내가 봐줄게."

서슴없이 말했다. 그 말을 전해 듣고 미국에 사는 딸은 엄마, 남들이 엄마가 멋모르고 한 말이래. 하며 걱정한다. 그래도 난 괘념치 않았다.

한참 후 출산 앞둔 며느리가 사람을 주 2회는 써야 한다는 말에, 아니야 나 혼자 봐줄게. 그래도 안 된다는 말에, 아 참! 예술의 전당에 나가는 목요일 하루는 써야겠구나.

그 당시 문인화 분야에서 국내 일인자라고 하는 시 · 서 · 화 3절을 겸비하신 일사 구자무 지도교수님으로부터 문인화를 배우고 있을 때였다.

"아니에요. 어머님 힘드셔서 이틀은 써야 해요."

하는 수 없이 화 · 목은 도우미를 부르고, 월 · 수 · 금은 내가 봐주고 주말엔 저희 부부가 보기로 하였다.

며느리 출산 후, 산후조리원에서 한 달간 있다가 출산 휴가 3개월 마치고 출근하고부터는 주 3일씩 아들네 집으로 달려 다니기 시작하였다.

우리 집에서 남편과 작은아들 출근 밥 챙겨주고 이웃 사는 큰아들네 집에 가서 며느리 출근시키려면 말할 수 없이 힘들었다. 그래도 신이 났다.

이웃 아파트니 걸어도 되는 거리지만 초를 다투는 아침 시간이라서 자동차로 10분간 몰고 가서, 엘리베이터 앞에 서면 할딱할딱 숨이 찬다.

출근해야 할 며느리 기다릴 생각하여 10층에 올라 끝까지 달려서 1011호 문을 열고 들어선다.

내가 들어서자마자 출근 가방 들고 현관에서 기다리던 우리 며느리 "다녀오겠습니다."란 말이 채 끝나기도 전에 튀어 나가 달린다.

나는 속으로 시어미 달음박질하여 도착하자마자, 바통 터치하듯 며느리 이어 달리니, 우리 식구는 달리기 선수구나! 혼자서 씩 웃는다. 아침엔 이처럼 두 집이 전쟁터다.

어쩌다 동창회에 나가면

"너 그렇게 손주 봐주면 용돈 많이 받니?"

어이없는 질문이다.

"야! 댓가를 받는 것은 노동이야. 내 손주 예뻐서 봐주는 것은 행복이지."

나는 그 친구 말을 일언 지하에 끊어버린다.

그래도 우리 손녀 하는 짓을 보면 함박웃음이 난다.

'이런 기쁨을 천만금을 주고 어디서 사랴. 이것이 곧 그 댓가지.'

부엌에 있는 할미 옆에 기어와 가까스로 앉아서 밥주걱을 빨다가 거실에 가서 오디오를 틀어주면 동요 소리 나는 곳으로 쏜살같이 기어 온다. 그 밑 오디오 받침대를 잡고 미처 일어서지도 못한 채, 기저귀 찬 엉덩이를 위로하고 엉거주춤한 자세로 몸을 흔들기 시작한다. 다 일어선 뒤에도 계속해서 동요 소리에 맞추어 흔들어 댄다. 백만 불짜리 그림이 이보다 더 좋을까?

그 어린 것이 제법 음률에 대한 감각이 있어 흥에 겨워 흔드는 걸 보면 신기하다. 직장 나간 제 엄마 아빠는 이 귀여운 재미를 미처 모를 것이다. 나 혼자만 독차지하는 것이 아쉽다. 손주 키워 보지 못한 분들도 이 맛을 모를 것이다.

간혹 행사가 있든지 여행가야 할 때 자유롭지 못하여 제약은 받지만, 내 며느리 능력 있어 직장에서 쓰임을 받는다는 것도 행복이다. 사람의 행불행은 마음먹기 달렸다고 생각한다. '일체유심조'라는 말도 있지 않은가.

그러나 손주 봐주는 일이 겪어보니 쉬운 일은 아니었다.

오래전 산에서 만났던 그 시어머니 마음도 이해할만하다.

어느 대감은 조부모의 마음에 평온을 주는 손주에게 약손藥孫이라 하여 "약아, 약아" 하고 부른다는 말도 있다.

손주 사랑은 고금을 통해서도 다를 바가 없나 보다.

여러 가지 생활에 규제를 받고 힘겹기도 하지만, 이보다 더 큰 행복은 어디 있으랴.

부모는 직장과 가정을 양립시키려는 자식의 애로를 이해하고, 자식은 부모의 노고에 감사한 마음으로 서로를 배려한다면 상호 즐거운 생활을 유지할 수 있으리라.

노년에 이웃 사는 언니와 우면산에 올라 이 얘기 저 얘기 나누면서 건강을 다지고, 힘든 생활 속에서도 손주의 재롱을 보며, 붓 들고 취미생활 할 수 있으니, 이런 게 곧 노년의 행복이 아닐까.

(2020년 5월)

즐겨 불던 하모니카(큰아들의 값진 선물)
(2003년 음10월 1일)

삼 남매 옛집 앞뜰에서 어머니와(1960년 여름)

초등학교 5학년 때 감기를 심하게 앓은 적이 있다. 그때 외지에서 중학교에 다니던 오빠는 하모니카를, 여고를 다니던 언니는 파랑 빨강 보석 박힌 브롯지를 선물로 사다 주었다. 그 시절 농촌에서 처음 보는 것들이다. 특히 하모니카는 입에 대고 불기만 하면 삑삑 삑삑 소리가 나니 신기하기만 하였다.

그 무렵 어른들을 따라 서해로 조개잡이 갈 때도 나는 그걸 들고 나가 원 둑을 향해 걸으며 계속 하모니카를 불었다. 아무리 불어도 재미있다. 그런데 지나던 어느 아저씨가 시끄럽다고 하신다. 그 뒤로는 다른 사람이 지날 땐 멈추다가 계속 불면서 갔다. 지금 생각하면 어이없는 짓이었다. 도레미파도 못 부는 수준이었으니 시끄러울 수밖에. 그 아저씨는 음을 들을 줄 아는 분이셨던 듯하다.

훗날 객지에 있던 오빠 언니가 방학 때마다 와서 불 때 배워졌는지 음정도 넣어서 오빠처럼 혓바닥으로 하모니카 아랫부분을 짝짝 붙였다 떼었다 하며 반주를 넣으면 그럴듯하게 불 수 있었다. 오빠만큼은 못해도.

사범학교 3학년 경주 수학여행 갈 땐 남녀학생이 꽉 차 있는 기차 안에서 어느 남학생 두 명이 듀엣으로 팝송 '쟈니기타'를 이채롭게 부르기에 인상 깊었는데, 나도 하모니카를 '짝짝' 반주를 넣으며 '고향의 봄'을 신나게 불었다. 밤에 피리 불면 뱀 나온다는 할머니의 성화에도 아랑곳하지 않고 우리 삼 남매가 함께 모이면 휘영 청한 달밤엔 대청마루 끝에 서서 오빠의 하모니카 소리에 맞추어 언니와 나는 가곡, 가요, 팝송, 동요 가릴 것 없이 그야말로 음악 속에서 요순시절처럼 평화롭게 살던 그 시절이 그립다.

그 뒤 결혼하여 세 아이 낳아 기르며 직장에 나가니 하모니카는 까맣게 잊고 살았다. 그런데 회갑 이듬해 내 생일날 남편이 저녁을 사준다고 하여 직장 나가던 큰아들 퇴근 후, 이웃 사는 언니와 함께 집 가까운 예술의전당 앞에 가서 저녁 식사를 하고 나오는데 무심코 큰아들이 "엄마 생신 선물로 무얼 사드릴까요?" 하기에 나는 난데없이 옛 생각이 나서 "응? 난 어릴 때 불던 하모니카를 갖고 싶다."

즉흥적으로 어찌 그 생각이 났는지 처녀 때까지 불던 것은 어디에 묻혔는지도 모르면서 신기할 정도로 어린 시절이 떠오르며 까맣게 잊었던 하모니카 생각이 난 것이다.

마침 앞에 악기점이 즐비해 있다. 코스모스 악기점에 들러 하모니카를 사 들고서 기쁜 마음으로 자동차에 올랐다.

어린 시절 오빠와 우리 삼 남매가 즐겨 불던 생각이 나서 언니에게 먼저 청했다. 사양하던 언니가 ‘바위고개’ 한 곡 부른 뒤, 나는 반주를 ‘짝짝’ 넣으며 ‘고향의 봄과 즐거운 나의 집’ 두 곡을 불렀다. 옆에 앉은 남편의 박수까지 받으니 더욱 기뻤다.

진갑선물 사준 큰아들(2002년 음 10.1)

지금도 그 하모니카를 화장대 속에 가까이 두고 옛 생각이 나거나, 기분이 울적할 때, 흥겹게 불고 싶을 땐, 언제나 하모니카를 꺼내 불고 나면, 쓸쓸하고 우울했던 기분이 전환되고 기쁨도 더욱 가중된다.

몇 해 전 큰아들네 재건축 관계로 우리 집에서 잠시 합설해 있을 때의 일이다. 저녁때 무심코 안방에서 ‘즐거운 나의 집’을 하모니카로 부니 저희 방에서 엄마와 깔깔거리며 놀던 손주들이 갑자기 고요하다. 끝나자마자 박수 소리가 요란하다. 아마도 뜻밖에 70 넘은 시어미가 하모니카를 부니 신기하게 들렸던지, 그 박수 소리 들으니 기분이 참 좋았다. 아름답고 즐거운 예술이여!

지금은 폐활량이 약해져 숨이 차도, 철없는 아이처럼 옛 생각 하며 모임에 나갈 때는 들고 나간다. 지난해 수필 기행에서 대구 갈 때도 가지고 갔는데 마침 동갑내기 룸메이트도 약속이나 한 듯 하모니카를 가져와 반가웠다. 어릴 때부터 KBS 방송국에 출연할 정도로 일가견이 있다는 분과 창가에 나란히 앉아 합주도 하였다. 퍽 유쾌하였다.

몸은 늙어도 마음은 청춘이라더니 사랑하는 나의 큰아들에게서 받은 귀한 진갑 선물로 이 생명 다하도록 즐겨 불리라.

(한국수필 2021. 11월호 게재)

와룡매를 환국시킨 작은 거인

와룡매 환국기념식(수원농생명고등학교 와룡매 앞에서(2019. 3. 13)

"나는 죽을 날이 얼마 남지 않았습니다."

지금은 이미 고인이 된 임창순 선생의 말이었다.

금년 3월 14일 수원농생명과학고등학교에서 와룡매 환국 기념식이 있을 테니 이사장님께서 참석해 달라고 부탁드리며, 숨 가쁜 말로 나에게도 연락해보라는 말을 하더라고 전하신다. 12일 아침 청천벽력이었다.

전 일본 센다이 재외동포 교육원장께서 숨차서 긴말 할 수 없으니, 2년 전 행사에 참석했던 나에게 자세한 내용을 들으시라는 뜻인 듯싶었다.

나는 깜짝 놀라 그 행사에 참석한 적은 있으나 뚜렷한 위치를 알

수 없어 다급한 상황에 수원농생명과학고등학교(전 수원 농림고교)로 직접 연락해보시라는 말밖에 할 수 없어 안타까웠다.

잠시 후 코로나 관계로 행사를 할 수 없다는 소식을 전해 들었다. 위급한 환자의 부탁에 성의를 갖고 수고해주신 최원현 이사장님께 감사한 생각이 들었다. 그러나 취소된 점이 못내 아쉬웠다. 나도 참석하고 환자에게 기쁜 소식을 전하게 되었으면 좋으련만.

그런 와중에 이런 위급한 사실을 전하려고 동창회장에게 전화하니 회복 불가하여 가까운 요양병원으로 옮긴다는 말을 하며 아산병원에 가려는 참이라 한다. 나도 그리로 뛰어가니 친인척들이 많이 와 있었다.

1층 대기실에서 기다리다가 휠체어를 타고 내려오는 임 선생을 보니 창백하고 초췌한 모습이나 정신은 또렷하여 다행이었다. 손 한번 잡아 본 게 마지막 작별일 줄이야!

2주 후 별세했다는 비보를 들었다. '초로인생이라더니. 열심히 살아온 그 아까운 사람이….'

고인은 군산사범학교 졸업 후 고향에서 모교인 주산초등학교 교사로 시작하여 중등교사 자격시험을 거쳐 주산중등학교에 근무하다가 서울시 중등교사 임용고시를 거쳐 서울로 훌쩍 떠났다. 무학여고 등 중등학교 교사와 서울대학교 해외 연구사직에 있으며, 일어 공부를 열심히 하여 일본 재외동포 교육원장으로 파견 근무하게 되었다. 일본 센다이시에 근무할 때도 집요한 노력은 그치지 않았다.

고인은 임진왜란 때 일본이 강탈해 간 토종 매화인 와룡매臥龍梅

를 420여 년 만인 1993년 고국으로 환국시켜 수원 농생명과학고등학교의 교정에 백매와 홍매 두 그루가 의연히 제모습으로 서 있도록 역사적인 일을 한 것이다.

이는 센다이시 일본 재외동포교육원장으로 재직했던 선생의 애국심의 발로에서 이루어낸 결과로 여겨진다.

와룡매와 수원농생명과학고등학교(옛 수원농고)와의 인연은 30년 전으로 거슬러 올라간다.

지난 1991년 수원농고는 당시 일본 센다이 한국 재외동포 교육원장 임창순 선생의 주선으로 미야기현 센다이시 가미농고와 자매결연을 하게 된다.

420여 년 전 한반도를 피로 물들인 임진왜란 때 퇴각하던 일본군이 창덕궁 선정전에서 400년 넘은 와룡 백매와 홍매 두 그루를 강탈해갔다. 미야기현宮城縣 마쓰시마松島에 있는 즈이간지瑞巖寺에 이식되어 한국 토종 와룡매는 그렇게 일본 땅에서 400년 넘게 면면히 번식되었다.

수필가이신 임 원장님은 일요수필日曜隨筆에 기고하기로 마음먹고 이 원고를 가미농고 니카이도 치카라 교장에게 보여주게 된다.

이 원고를 계기로 니카이도 교장은 즈이간지瑞巖寺에서 와룡매臥龍梅를 분양받아 가미농고 실습지에서 육종했고 자매결연 2년 후인 1993년 수원농고에 돌아오게 된 와룡매는 '임진왜란 피해 식물 보상 1호'가 되었다.

당시 일본의 유수한 일간지인 아사히신문도 이 사실을 '서암사

瑞巖寺'의 명목名木 정종政宗과 관련된 매화를 한국으로 400년 만에 '환국還國'이란 제목으로 상세히 보도했다. 이낙연 전 국무총리도 동아일보 도꾜 특파원 시절 이 사실을 직접 보도한 바 있다.

와룡매란 8겹의 꽃잎으로 피는 매화 종류로서 나무가 용이 기어가는 모습을 띠고 있어 와룡매臥龍梅라고 불린다.

그 후 서울 관악고교 교장 퇴임 후엔 주로 고향에 오르내리며 홀로 계신 노모님을 봉양하다가 몇 해 전 모친께서 별세하신 뒤 따라 갔으니 이 또한 보기 드문 효자가 아닌가 싶다.

그동안 향리에서 박지원 열하일기를 쓰듯 '옹동말(출생 동네 이름) 일기'를 쓰며 대천문화원의 보령문화연구회장직을 맡아 3·1운동 때 이철원 씨의 독립 만세를 부른 주렴산의 유적 탐사와 오천면의 해안가 오천성에 대한 유적 발굴 등 향토 문화 발전에 이바지한 공이 크다.

그야말로 고인 임창순 선생은 인忍, 의義, 예禮, 지智, 효孝, 제悌, 충忠, 신信, 8덕德을 갖춘 군자君子라 생각되며, 작은 거인이란 평을 들어온 분이기도 하다.

고인을 회고하면서 이 글을 쓰다 보니 꼭 전하고 싶은 간절한 사연이 있다. 지난 3월 12일 한국수필 최원현 이사장님께 가쁜 숨을 내쉬며 말한 임창순 작가님의 마지막 부탁인 '수원 농생명과학고등학교에서 와룡매 환국 기념식 현장에 참석해 달라.'는 가느다란 음성이 지금 내 귀에도 호소하는 듯 들린다.

선생께서는 거인의 발자취를 남기고 홀연히 떠나시어 우리에게 나라 사랑의 길을 밝혀주신 거룩하고 그리운 분으로 기억될 것입니다.

이런 고귀한 역사적 사실이 후배 학생들에게 나라 사랑의 귀감이 되도록 학교 당국의 관심과 성원이 지속되기를 소망해 본다.

(한국수필 2021. 11월호에 게재)

임진왜란 때 일본이 강탈해 간 토종 매화 420여 년만에 돌아와 수원농생고서 꽃망울

경기 수원시 수원농생명과학고 교정에 있는 와룡매
왼쪽이 백매, 오른쪽이 홍매 2019. 03. 16 (사진제공=수원농생명과학고)
2021 한국수필 창간 50주년 대표작 선집에 게재

형제의 사랑

대천초등 1, 2학년 때 형제, 봄소풍(81년)

우리 큰아이 입학식 날이다.

가슴에 하얀 콧수건 달고 엄마 손 잡고 희망에 부풀어 신나게 뛰어가야 할 날. 그러기는커녕 이웃집 5학년짜리 소영이 누나가 데리러 오면 따라가라는 말만 남기고 나는 대천에서 청룡학교 출근 버스 타기 위해 바삐 뛰어갔다.

그러나 온다던 이웃집 누나는 아무리 기다려도 오지 않자, 도우미 할머니께 제가 학교 가는 길을 안다며 혼자서 입학하러 나섰다 한다.

평소에 유치원 다니던 대천천 건너 학교에는 옳게 찾아갔으나 학급도, 선생님의 이름도, 얼굴도 모르니 6개의 깃대 중에 어느 곳으로 가야 할지 몰라 이리저리 헤매다가 하는 수 없이 화단 가에 앉아 바라만 보았다. 한참 후 깃대 밑에 서 있던 엄마들과 학생들이 교문 밖으로 파하는 모습 보고 아, 끝났나 보다. 짐작하고 저도 집으로 돌아온 듯하다.

손꼽아 기다리던 입학식도 제대로 참여하지 못한 채 어린 것이 허탈하게 돌아온 것이다.

'얼마나 실망스러웠을까?'

반면 이 어미는 첫 아이 입학식에 데리고 가진 못했어도 '이웃집 누나 따라가 입학은 잘했겠지.'

생각하며 들뜬 마음에 퇴근길 발걸음을 재촉하였다. 급히 방에 들어서니 큰아이 석주는 누군가와 전화 통화를 하고 있었다. 엄마 바꾸라는 말에 받아보니 우리 아이 담임 장윤숙 선생님이었다.

"석주가 입학식에 나오지 않아 궁금하여 전화했다."며 나하고 친구 사이인 장 선생의 대뜸 하는 말은 "그 집엔 아빠도 없나!" 한다. 입학식에도 불참시킨 무성의한 엄마 아빠가 당연히 들을 소리였다.

"통근하는 엄마는 어쩔 수 없지만 같은 시내에 직장이 있는 아빠가 출근길에 같이 가면 되지 않느냐?"고 한다. 알고 보니 데리고 간다던 옆집 누나는 그날따라 저의 엄마한테 꾸중 듣고 그냥 학교로 가버렸다는 것이다. 그 말을 들은 나는 '엉엉 울지 않고' 무사히 집에 돌아온 것만도 다행스럽게 생각하며 대견스럽기만 하였다.

'어린것이 얼마나 애탔을까?'

입학도 못 하고 돌아온 내 자식이 안쓰럽고 측은하여 이 어미 마음 미어지는 것 같았다.

겨우 이튿날 아빠가 따라가서 입학하게 된 해프닝이 있었다.

그 시절 입학 초기 한 2주 정도는 엄마 손 잡고 등하교를 하는 게 보통이었다.

그러기는커녕 석주는 유치원에 다니는 동생 데려다주고 학교 가는 실정이었으니 일찍부터 형 노릇은 깎듯이 한 셈이다.

그 덕택인지 지금도 '의좋은 형제' 모습이 참 보기 좋다.

동생은 형을 따르고 형은 동생을 끔찍이 여기는 모습 보면 흐뭇하다. 잃는 것이 있는가 하면 얻는 것도 있나 보다.

맞벌이 부모를 둔 애환이라 생각되어 안타까웠는데 그 반면 의좋은 형제가 되어 늘 보기 좋다.

그 이후에 고등학생 때 동생의 안경이 멀쩡한데 새로 사달라고 하면 나는 얼굴 크기에 맞고 도수 맞으면 그냥 쓰지 왜 멀쩡한 안경 두고 가욋돈 버리느냐 한다.

안 사주려는 엄마보고 큰아들은 "안경은 팻션이예요." 하면 할 수 없이 사주는 수밖에.

유난히 둘째는 추위를 많이 탄다.

두꺼운 잠바 사달라고 조르는 말에 직장 나가는 형은 두 말 할 것 없이 오리털 잠바를 사준다.

"잠바가 여러 개인데 또 산다니?" 하는 엄마의 말은 아랑곳하지 않고 동생을 생각하는 그 마음이 기특하게 여겨진다.

한편 요즈음 공짜는 없는 법이라는 말이 생각난다.

결혼하여 아이 둘 둔 형에게 아직 결혼 안한 동생 처지에서 제 옷 살 때 가끔 형의 것도 같이 사서 전해주기도 하고 운동복이나 운동기구를 형에게 갖춰주는 모습을 바라보기만 해도 우리 부부는 즐겁다.

부모 마음은 이런 것인가 보다.

부모에게 잘하는 자식보다 형제간에 우애하는 모습이 더 보기 좋으니. 형제간에 서로를 생각하는 그 마음 씀이 아름답다.

'의좋은 형제 모습 영원하기를.'

(2015. 7)

흔적

마루에 앉아서(1965년)

고향을 드나들며 빈집이 부쩍 늘어난 것을 알겠다. 산업화 이후로 농어촌 인구가 예측하던 이상으로 줄어, 출가 전에 근무하던 인근 학교가 폐교되었다 하여 아쉬웠는데, 내가 살던 친정집도 지난해에 헐렸다는 소식을 들었다, 설마 우리 동네까지야 하던 생각은 이미 현실이 되었다.

어머니를 서울 오빠 댁으로 모신 뒤에는 소작인으로 있던 분을 그 집에 살게 하였다. 그러다가 그들마저 떠났다는 말이 들렸다.

오빠 내외분이 늘 낙향하여 고택을 지키겠다는 말은 있었으나, 이게 지켜질 리 없었다. 서울에서 태어나 자라난 조카들은 아예 머리를 내젓는다고 한다.

하수구가 막히면서 앞마당과 뒤뜰엔 잡초만 우거지고, 어느 고물장수가 지나면서 문살무늬 아름답던 문짝을 떼어 갔다고 하더니,

앞뜰에서
할머니와 어머니 모시고

옛집은 곧 흉물스러운 괴물로 변해 갔다.

그 후 더 지킬 수 없다는 것을 안 오빠가 재목이라도 건지겠다며 면사무소와 상의하여 헐었다는 소식을 들었다.

내 고향은 지금의 보령시와 서천군을 가르는 곳이다. 뒷산에는 울창한 소나무 숲이 있고 앞뜰에는 당시의 보령군과 서천군을 갈라주는 큰 개울이 있었는데, 개울은 동백정으로 유명한 춘장대 곁을 지나 서해로 흘러갔다. 그 고향의 정식 명칭은 보령군의 신구리였지만, 사람들은 너 나 없이 정식 명칭을 놔두고 군계郡界 안 동네라고 불렀다.

우리 집안은 그곳에서 일가를 이루었고, 백씨 일가인 집성촌을 자랑하며 살게 되었다.

내가 중학교를 졸업할 때까지 살던 동네였다. 나는 잠시 사범학교에 다니느라 집을 떠나 있었지만, 그 후 초등학교 교사가 되어 다시 고향으로 오게 되었으니 철든 이후로도 십여 년을 더 그곳에서 살게 된 정든 집이었다.

우리 집은 일一자 겹집으로 된 남향집이었다. 선친의 작품이었는데, 재목을 구하기 위하여 안면도를 여러 번 다녀오셨다는 할머니의 말씀을 기억한다. 숭례문 재목으로 쓰일 후보 소나무인 안면도 금송이 대들보로 올라앉은 준 문화재급의 집이었다.

대청 앞문은 소나무로 짜 맞춘 커다란 이중 들 창문 4쪽이 남쪽을 향해 있고, 그 위의 기묘한 문양의 문살로 된 유리문이 옆으로 길게 직사각형으로 놓여있었다. 장식과 채광을 위한 문이었나 싶다. 고물 장사는 그것이 탐났던 것 같다.

우리 옛집의 특징은 대청과 부엌의 규모였다.

대청의 남문 들창을 양쪽으로 포개어 들어 올리고, 북쪽으로 난 두 문을 활짝 열어젖히면, 선풍기 바람은 모기 날갯짓이었다. 대청 앞마당 건너 앞집의 둘째 종조 할머니 댁 시누 대(가는 대나무) 울타리와 우리 집 뒤뜰에 서 있는 물앵두나무와 석류나무, 그 밑 딸기밭에서 불어오는 자연 바람은 평생 잊을 수 없는 고향의 냄새로 남아 있다.

우리 집 대청은 동네 사람들이 길쌈하는 공동 작업장이기도 하였다. 세모시로 유명한 한산의 인근이라 당시의 우리 마을에는 길쌈이 유일의 가내 수공업이었다.

나는 이런 대청에서 할머니한테 고전 읽기와 장기를 배웠던 기억이 생생하다. 대청에는 쌀 한 섬들이 큰 항아리 여러 개가 자리하고 있었으니 곡 광으로도 쓰였던 것 같다.

정월 열이레 언니 생일엔 설날 만든 시루떡을 큰 소쿠리에 담아 대청에 보관했다가 꽁꽁 언 떡을 쪄 주었으니 냉장고 역할도 한 것이다. 대청은 용도가 다양했다.

부엌은 나에게 가장 많은 추억을 남겨 준 곳이다. 부엌은 방과 달리 천장 도배가 없어 지붕을 덮은 서까래가 마치 공명판처럼 열 지어 늘어서 있었다. 방이 많은 집의 부엌이라 나무 저장을 위한 공간만도 방 서너 칸이 넘을 넓이였다. 여기에 찬장 등의 부엌살림과 부뚜막 공간을 합치면 그야말로 교실 몇 칸은 될 부엌이었다. 우리 자매는 이곳을 음악당처럼 이용하였다.

천정이 높아서 소리가 묘하게 공명되었고, 식구들로부터 눈에 안 띄는 곳이라 비교적 자유로운 공간이기도 했다.

언니는 '사월의 노래' '내 마음' 같은 명곡, 오빠는 팝송, 나는 가곡과 팝송에 가요, 동요까지 즐겨 불렀다.

할머니께서는 집안 울 속이라 우리들이 아무리 노래를 불러도 말리지 않으셨으나 외간 남자만 들어오면 노래를 금지시켰다. 바로 그치지 않으면 남우세스럽다며 "사당 년 나갈 테냐?" 하시며 불호령이 내려졌다.

아마 우리 삼 남매의 밝고, 명랑한 성격은 이런 할머니와 어머니의 호된 꾸중과 큰 용서를 받으며 성장한 덕분인 것 같다.

넓은 마당에서 가끔 탁구도 치고, 달밤엔 마루 끝에 앉아서 하모니카를 돌려 가며 불기도 하고, 반주 넣어 흥겹게 불던 오빠의 하모니카 소리가 늘 귀에 맴돈다. 특히 오빠가 부르던 클리프 리처드의 "THE YOUNG ONES"를 들으면 지금도 눈물이 도는 소녀가 된다.

그런데 없어졌다. 눈에 보이던 옛집이 사라졌다. 옛집이 그리워 고향을 찾지만, 나를 키워낸 건물과 함께 정서를 키우던 대청도 부엌도 흔적 없이 사라졌다. 이제는 사라진 건물과 함께 곧 마음속의 흔적까지 지워질 것 같아 간간 스스로 망연해지는 것을 어쩌지 못한다.

*위 두 편의 글은 본인의 '한국수필' 신인상 당선작으로 심사평을 여기에 싣습니다.

백영자의 〈봄 되면 오신다더니〉 〈흔적〉을 신인상 당선작으로 결정한다. 〈봄 되면 오신다더니〉는 어머니의 죽음을 통해 더 절실하게 어머니의 부재와 큰 사랑을 확인하는 글이다. 맵시, 솜씨를 두루 갖춘 어머니는 자식들 교육에는 엄격하기도 했지만 뒷바라지도 열심이어서 졸업 사은회 때도 고명 얹은 조기찜을 머리에 이고 십리 길을 걸어 학교를 찾기도 했다. 당신의 마지막을 예측하여 수의까지 준비해둔 어머니의 깔끔한 삶의 태도를 그리는 우수한 글이다.

〈흔적〉은 고향 집이 사라진 것을 안타까운 마음으로 추억하며 그곳에서 자신의 성장기를 보냈던 시간을 돌아본다. 일가를 이루었던 집성촌의 위용은 자랑할만한 것이다. 교실 몇 칸은 되었을 부엌과 그 안에 자리한 살림들, 언니와 불렀던 '사월의 노래' 등 가곡임에도 할머니에게 야단맞았던 기억을 떠올린다. 작가의 재능은 이미 고향 집의 모든 것들로부터 물려받았다. 동네와 어머니, 가족들에게서 정서적으로 받았던 풍요로움이 글의 씨앗으로 묻혀 있다가 살아난 것이다. 성실함을 바탕으로 글로써 일가를 이루기 바란다.

-심사위원 | 정목일 김병권 권남희

새학년 새출발

서초초 5학년 윤여준

올해 3월 5일은 손자가 5학년이 되는 첫 등교일이다.

새 학년 시작은 삼일절 공휴일 다음 날 3월 2일이 통례였으나 코로나 관계로 1년여를 온라인 수업한다며 넓은 운동장에서 친구들과 뛰놀지도 못한 실정이었다.

우리 집 바로 옆에 있는 서초초등학교에 손자를 픽업해 달라는 며느리의 전화에 숨통이 트이는 듯 반가웠다. 직장에 나가는 며느리가 출근길에 전화 한 것이다.

나는 1년간 수고해주실 손자 담임선생님께 인사를 드릴 겸 음료수 한 박스를 사 들고 이웃에서 온 손자와 함께 5학년 2반 교실을 찾았다.

담임선생님께 인사드린 후, 손자 자리를 찾아보니, 학생들 책상 위에 미술 시간에 만든 공작품인지 예쁘게 꾸며진 색색의 종이 삼각대 명패가 모두 놓여있다.

학년 초 담임선생님의 좋은 착상이라 생각되어 감사한 마음으로 손자 이름을 찾아보았다.

그러나 어느 자리인지 아무리 찾아도 손자 이름이 보이질 않는다.

다만 서너 사람의 책상 위가 비어 있는데 '혹시 그중에 우리 손자도 포함됐을까?'

담임선생님께 여쭈니 "아마도 늦어서 완성하지 못했나 봅니다." 라고 한다. 그 순간 나는 아쉬운 마음이 들었다.

'늦은 학생은 남아서 완성해놓고 가라든지, 아니면 집으로 가져가서 완성하여 다음 날 갖다 놓으라든지 하였으면 좋았을걸.'

분명하게 처리하였으면 좋았을걸. 하는 생각이 들었다.

손자에게 당부할 말은 학업성적도 중요하지만 어떤 일이든 남과 보조를 맞출 줄 알며 무엇보다도 끝마무리가 중요하다는 깨우침을 주고 싶었다.

그리하여 옛날 할머니 학창 시절 이야기를 해줘야겠다는 생각이 난다.

할머니 학창 시절 수학 시험 시간에 '땡' 끝 종이 나자마자 새로 전근 오신 수학 선생님께서 시험지를 걷어 가신 것이다. 나는 2문제를 못 풀은 상태였지만 충분히 풀 수 있는 문제였다. 그리하여 교무실로 찾아가 선생님께 사정 말씀을 드렸다.

"저는 다 풀 수 있는 문제를 선생님께서 사정없이 걷어 가시어 답을 다 못 썼습니다."라며 억울함을 호소했단다.

그런데 선생님께서 하시는 말씀에 놀라웠고 크게 깨달았지.

'수학은 빠르고 정확해야 한다.'는 말씀에, 수학에 자신 있는 할머니는 여유 있게 검토까지 하며 자만했던 것이다. 속도감이 모자란 불찰이었지. 특히 수학뿐만 아니라 모든 일에 여유 있는 성격도 좋지만 침착과 재치가 병행해야 한다는 점을 깨우쳐주고 싶었다.

5학년이 되어 친구들과 씩씩하게 어울리며 고학년으로서 학업에 충실하고, 무엇보다 끝맺음이 분명한 사람이 되기를.

(2021년 3월 5일 여준할머니)

너 떠나면 어떻게 살지?

남산 리움미술관에서(2009년 가을)

숙영아! 어언 석 달이란 기간이
쏜살같이 지나갔구나!
한없이 아쉽기만 하다

엄마 힘들다고 나영 돌보느라
한국에 있는 동안 편안하게
쉬지도 못하고
잘해 먹이지도 못하고
고생만 시켜 걸리는 것뿐
이처럼 가슴 도려내는 듯 아픈가 보다.

광화문 앞에서 의장 행렬(딸과 언니)

6년 전 엉겁결에 시집보낼 때 같지 않구나!
벌써 가슴이 텅 빈 것 같아
너 떠나면 엄마는 어떻게 살지?

제 아들 민준이와 잘 있다가
제 남편 찾아가는데
내 마음 왜 이러는지 모르겠다.
괜한 늙은이의 넋두리인가보다.
복에 겨워서

제 보금자리 찾아가는데
기쁜 마음으로 웃으며 보내야지.
가서 더욱 행복하게 살아라.
너의 단란한 세 식구
정답고 알차게 잘 살아갈 줄 안다.
슬기롭고 착하고 영리한 우리 딸

너는 이 엄마 아빠의 희망이란다.

'넌 행복한 사람'이라고 엊그제도 말했듯이
양가 부모 생존하셔 사랑 듬뿍 받고
뜻대로 떡두꺼비 같은 아들
旼俊(Aiden) 태어나 무럭무럭 자라고
성실하고 능력 있는 이 서방 사랑받으며
두 오빠의 귀여움 듬뿍 차지하고
일가친척 어느 한 분 빠짐 없이
모든 분들께 사랑받으며
초중고 대학 시절 많은 친구들
6년이란 공백 있었어도
그 우정 변함없는 모습 보니

너는 이 세상에서
가장 행복한 사람이라 생각되어
이 어미 마음도 흡족하단다.
'제 귀염 제가 받는다'는 말 있듯이
너의 착한 천성에
그간 쌓은 내공이라 생각된다.
그곳 미국에 가서도
만인에게 사랑받는
우리 딸 숙영이가 되어라.

끝으로 석 달간이나
이 어미 품에 있도록 배려해 주신 너의 시어른과
이역만리에서 직장 나가며 홀로 석 달을 고생해 준
이 서방의 이해심에 무한한 고마움을 갖는다.
너의 가정에 늘 건강과 행복 있기를.
다음 만날 날 기대하며
밝고 즐겁게 지내자.

-2009년 12월 5일 새벽 딸의 출국 앞두고 엄마 씀

축하합니다. 고맙습니다.

민준 첫돌잔치, 버지니아에서(2007. 12. 7)

사돈 내외분께
염려 덕분에 잘 다녀 왔습니다
민준 돌도 40여명의 하객들을 모시고
조촐하고 검소하게 잘 치루었습니다
외할아버지 외할머니가 못 참석하시여 빈자리가
컸지요. 못참석하신 사돈 어른들께서는 얼마나
섭섭하셨을까? 하는 생각을 하니 더욱 면구
스러웠습니다 그들은 행복하게 살고 있었습니다
건강하시고 더욱 힘찬 새해를 맞이 하십시오
2007. 12. 17. 섭재부오 드림

민준(Aiden) 조부모님께서 돌잔치 후의 편지 글

2022년 1월 27일 새벽

*숙영아, 늘 행복하게 살아주니 흐뭇하다.

주부로서 민준 초등 입학과 동시에 40에 중단했던 학업 시작하여 MBA 마치고, 박사학위 받아 교수자격 취득하기까지 너의 피나는 노력과 이 서방의 물심양면으로 지원해 준 노고에 감사한다.

지난 2019년 말, 그곳에 갔을 때 연말 휴가 기간에 이 서방이 자동차로 워싱턴DC 곳곳마다 백악관, 메모리얼파크, 등등 여러날 관광시킨 후 네가 MBA 공부하던 캐도릭대학원과 박사과정을 밟았던 죠지 워싱턴 대학교의 교사 내외를 두루 돌며 설명해 준 이 서방의 친절과 성의에 고마웠다.

민준(Aiden) 조부모님께서 미국의 친족과 교인들 모시고, 돌잔치

행복과 불행은 자신의 마음가짐과 노력 여하에 달려있다고 생각하나 무엇보다 남편의 사랑받는 아내가 가장 행복한 사람이란 걸 명심하고 언제나 사랑받는 아내가 되도록 노력하길 바란다.

돌아가신 외할머님의 가르침에 '부부간에도 정 각각, 흉 각각이니라. 든 정 나기 쉽고 난 정 들기 어렵다." 하시며 엄마에게 부도를 가르치셨단다. 외할머니의 이 말씀을 명심하고. 너의 가족 늘 행복하길 기원한다.

-2022년 2월 9일 너의 생일 밤 너희를 사랑하는 엄마 씀

양가의 출생 선물
(나영 2006. 8. 10, 민준 2006. 12. 7)

민준 탄생(06. 12. 7) 나영 할머니가 해산관 (박경리 작 '토지 CD')

우리 며느리가 해산한지 100일 지난 뒤 딸이 출산하게 되니, 딸 사돈댁에서 가신다 했으나, 딸 해산관은 친정 어미의 의무라 생각되어 사양하고 내가 가서 두 달간 보살폈다. 도착 첫날 엄마 심심타고 한국 드라마 즐겨본 것 말하라기에 '박경리 작 토지'라 했더니, 즉시 한인마트에 둘이 가서 전체 CD 26개를 빌려왔다.

매일 2시간씩 2달간 계속해서 거듭 보니. 사위 왈 "신생아 크면 '한 오백년(주제음악)'은 잘 부르겠다."고 했다 한다.

귀국해 보니 큰아들네 식탁 위 벽에 사부인의 예술의 전당 연말 회원 전시작품을 나영이의 발바닥을 먹물로 인영까지 찍어서 우리 손녀 탄생 축하작품으로 사돈 내외분께서 식탁 위에 직접 걸어 주셨다니 감동스러웠다.

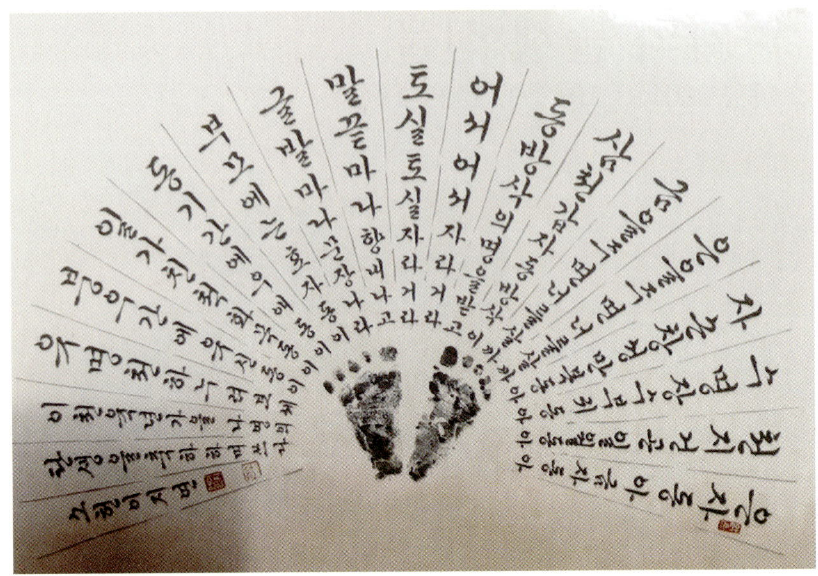

나영 탄생(06. 8. 10) 민준할머니가 축하 글 (은자동아 금자동아) 신사임당상 수상 작품)

그 이후 나는 손녀 밥 먹일 때마다 낭독해주니 깜박하고 안 읽으면 액자를 바라보며, 두 돌 후엔 손녀도 같이 암송한다. 저의 아비가 외할머니 따라 천수경을 외운다고 칭찬하시더니 아비 총기를 닮았는지, 어린 손녀가 더욱 사랑스럽다.

제 동생 여준이 태어날 땐, 어미가 조산원에 있어, 한 달간 할미집에 와 있는 동안 잠들기 전에 할미와 '은자동아 금자동아'를 함께 외우다가 스르르 잠든 모습 보면 이루 형언할 수 없이 귀여웠다.

(2021. 12)

미녀 중의 미녀

서울대법학관 앞에서 언니와(98년 가을)

언니 눈은 유난히 크고 까풀 지어 현대판 미인이다.

아마도 언니는 엄마를 닮고 나는 아버지를 닮은듯싶다. 나 네 살 때 돌아가셨다는 벽에 걸린 아버지의 사진을 보니. 그래서 어렸을 때 '언니는 황소 눈깔, 나는 뱁새 눈'이라는 놀림을 받았다.

사실 그 시절엔 뱁새눈인 내가 예쁘다는 말을 들었는데 어느 날 갑자기 언니 여고 시절쯤 서양 잡지가 물결치자 눈 큰 언니가 미녀가 된 것이다.

언니는 얼굴만 예쁜 게 아니다. 마음씨는 더 곱다.

학교 동창이나 친인척, 이웃분들, 부모 · 형제 누구에게도 칭송이 자자하다.

나도 우리 언니 없으면 쓰러진다.

누구나 부모 형제 사랑하지 않는 사람이 없으랴만 우리 언니같이 동생 여기는 사람은 이 세상에 드물 것이다.

흔히들 부모님의 자식 사랑은 하해와 같다고들 하나 나에 대한 언니의 사랑도 그 이상 표현할 길 없다.

난 언니에게 당연한 것처럼 받을 줄만 알지, 갚을 줄도 모르는 이기적인 사람인듯하나 그보다도 행복한 사람이다. 얼마나 푸근한 사랑을 주는지.

언니도 나에게 베풀며 즐거워하니 행복한 듯하다.

이루 형언할 수 없으나 80 평생 살며 인상 깊은 대목 몇 가지만 적어본다.

나는 어렸을 때 아침에 자고 나서 눈 아프다고 하면 할머니께서 부르신다.

"영숙아, 영자 업고 꼭대기 집, 넷째 할아버지 댁에 다녀오너라" 하시면 3살 위인 언니가 날 업고 5분 거리 올라간다.

가면 바로 종조 할아버지는 먹을 가신 후 하얀 백지에 내 화상을 둥글게 그리신다.

붓으로 눈, 코, 입을 그려서 앞 마루 끝 해 뜨는 발로 기둥 나무에 내 키 높이만큼 철떡 부치시고 어느 쪽이 아프냐고 물으신다. 오른쪽을 가리킨다. 그쪽에 대못 하나 박으신 후 됐다. 내려가거라 하시면 다시 언니는 나를 업고 내려온다. 그러면 내 눈은 씻은 듯이 낫는다.

한참 그러다가 주산초등학교 입학 후엔 장항선 한길 따라

4km(십리 길) 대천 방면으로 걸어서 등교할 때 언니는 내 책 보따리까지 들고 뛰기 시작한다. 입 벌리고 할딱거리면 숨차니 입 다물고 달리라 한다.

그 뒤 여고 졸업 후 착하고 얌전하고 '미녀 중 미녀'라고 평을 받던 언니는 22세에 뽑혀서 서울 시청 다니는 형부와 결혼해서 서울로 떠나 버렸다.

시부모님께도 얼마나 효성스럽게 모셨는지 효부상까지.

우리 애들도 나보다 이모를 더 좋아한다.

옛날에는 시골 사는 시댁 쪽이나 친정 쪽이나 서울로 진학하면 모두 언니네에서 하숙집처럼 의탁했다. 우리 오빠도, 언니 시누도, 그의 친구까지 사촌 시동생들, 내 사촌 형부 산업은행 대전 지점장 발령 나니 그의 딸 등등 대학생들은 모두 거쳐 갔다. 이루 헤아릴 수 없다.

우리 큰아들 초등생까지. 아무리 생각해도 언니는 천사다.

그 후 아이들 고학년이 되자. 교육 문제로 우리는 서울로 이사하여 언니 오빠 이웃하며 오순도순 살고 있다.

중국 여행 가서 참깨 한 말 사 왔을 때도 세 자녀네는 나눠서 그냥 보내도 우리는 깨끗이 씻어서 말려 주며 볶아 먹으라 한다.

김장할 땐 언니 형부 두 식구에 우리는 다섯 식구 몫을 하여 실어 가라 하니 고마울 뿐이다.

형부 돌아가신 후부턴 언니의 며느리들 보기 민망하여 우리 집에 와서 김장을 도와 달라고 한다.

2012년 인사동에서 고희 전 할 때도

“전시 기간 1주간 내가 너의 두 애들 봐주마.” 하며 언니 것 머리핀 몇 개를 골라다 준다.

이처럼 언니는 어머니같이 동생의 불편을 미리 알아서 챙겨주고 보살펴 준다.

그러나 요즈음엔 귀도 어둡고 예쁘던 얼굴도 초췌해지고 즐기던 독서도 눈 어두워 힘들다 하며, 걸음걸이도 비척거린다. 언니 은혜 보답해야 할텐데…. 마음뿐이다.

엊그제도 우리 김장 도우러 와서 도우미 아주머니께 나 없어도 해마다 김장 도와주라며 유언처럼 당부하며 떠나는 언니 생각하면 눈물겹다.

(2021. 12)

나의 미스 시절

충남보령 수곡교에서(1969년)

나의 첫 발령지는 충남 당진군 대호지면에 있는 첩첩산중의 아주 작은 바닷가의 도성초등학교였다.

봄철이면 논둑길에 줄지어 서 있는 앵두나무에 빨간 앵두가 다닥다닥 매달려 있으니 온 마을이 꽃 핀 듯 아름다웠다. 퍽 인심 좋고 평화로운 마을이었다.

퇴근하면 빨간 앵두가 나의 책상 위에 예쁜 그릇에 담겨 가지런히 놓여있다. 마음씨 고운 그 댁 큰 며느님의 정성이다.

그 지역은 열차 연결이 안 되는 곳으로 그곳 사람들은 선편을 이용하여 서산의 대산항에서 인천 항구를 거쳐 서울로 진출하는 듯하였다.

하숙집 큰아들도 서울 가서 대학을 나와 부모님 모시며 살림하고 있고, 작은아들도 서울서 방학 되어 내려와 있는데, 어느 날 퇴근해 보니 책상 위에 두 페이지 되는 긴 영문 편지가 놓여있었다.

지금 세상은 멋진 연애들도 자연스럽게 잘들 하지만 그땐 연애란 금기사항으로 인식되어있는 시대였다.

특히 우리 할머니같이 완고하신 분께 세뇌된 나는 외간 남자에게 편지질하는 건 상상도 못 할 일이다.

연애 안 하고 시집가면 혼수도 많이 해준다고 하셨는데 이 편지만은 마음에 걸렸다. 읽어보니 교제하자는 내용이지만 영문을 모르니 답장도 없다는 무시는 받고 싶지 않기에 답장은 써야겠다는 생각이 들었다.

나도 학창 시절에 영어, 수학이 아니면 죽음을 달라는 별명도 있는데….

자존심이 은근히 들었다. 이성 간의 편지는 처음 쓰려는 것이다.

드디어 시간이 없어 산책할 수 없다며 미안하다는 짤막한 영문으로 써서 내 책상 위 그 자리에 놓고 출근한 후 아무렇지도 않게 지내다가 9월 1일 자로 집으로 내려오게 되었다.

고향으로 내려온 뒤, 그 청년에게서 온 두툼한 편지 속에 사진 한 장과 우표 한 장이 들어있었다. 누구에게 들킬까 봐 겁이 나고, 내 마음이 흔들릴까 봐 대문간에 가서 우표 한 장만 빼고 모두 불살랐다. 답장을 기다리는 마음이었겠지만 답장을 못 하여 미안한 일이나 우표를 태울 수는 없었다.

그런 이후 보령군 대천에서 4km 떨어진 관창 학교에 근무하게 되었다. 미스 교사는 한 명인데 총각 교사는 유난히 많아서 7, 8명 된 듯하다.

그중에서 6학년 담임했던 두 총각 선생이 과외수업 지도 중 수학 문제를 아무리 풀어도 수련장 뒤의 답이 안 나온다며 3학년 우리 교실에 와서 풀어 보라 한다.

내가 X, Y 넣어 연립방정식을 세워서 그 답을 내면 수련장 뒤의 답과 일치한다며 머리가 독일제라고 우스갯소릴 하면 나는 순수한 국산입니다.라며 가벼운 농담을 한다.

가끔 6학년 과외 지도 후 퇴근 시간 되면 화단 가의 창문을 드르륵 열고 대천에 극장 구경 가자고 한다.

예외 없이 거절하니 날 보고 그 선배 선생님 두 분은 육군 사관학교 생도라고 놀린다. '미스 시절의 재미없는 에피소드'였다.

그 이후 우리 할머니 성화에 내 고향 주산면 바닷가의 아주 작은 6학급짜리 수곡초등학교로 전근 희망하니 전 임지 교장, 교무 선생님께서 그 구석으로 가면 혼삿길 막힌다고 말리며, 나중에 기회 되면 대천으로 보내준다고 하신다. 그러나 우리 할머니께선 요지부동이시다.

보령 군청에 근무하는 둘째 사위분께 사정하시어 아는 장학사께 청을 넣어 집 근처에 데려다 놓으시고 "1학년 애들은 점심때 오는데 너는 왜 늦게 오느냐?"고 성화이시다.

어둑어둑할 때 퇴근 시간 되면 10여 분쯤 논둑길을 터벅터벅 걸어서 마중 나오시다가 나를 만나면 손녀의 두 손을 덥석 잡으며 반기신다.

할머니 살아계신 그 시절이 얼마나 그리운지….

그리고 방과 후 시간에 할머니께 배운 바둑 장기를 남자 선생님과 둔다는 건 말씀 안 하시는데 탁구 치는 것은 걱정을 많이 하신다.

외지에서 전매청에 다니는 작은 아드님이 다니러 오시면 "영자는 남자 선생들과 탁구친다."고 걱정하시니 "복식이 아니고 단식이면 괜찮아요." 하며 위로의 말씀을 드린다.

요순시절 이야기인 듯 웃음이 난다.

혼사길 막힌다던 바닷가 수곡초등학교로 전근된 지 5년 되던 해에, 나의 모교 주산 초등학교 은사님과 주산 우체국장이셨던 우리 시아버님의 혼담으로 첫선을 보게 되었다. 우리 고향 보령군과 바로 이웃인 서천군 비인면 출신으로 맞선 자리에서 동키호테를 닮은 청년은 근무학교를 묻기에 바닷가 작은 수곡초등학교라고 하니 "아! 소설 속의 여주인공 같습니다." 하더니, 이름을 묻기에 '영자'라고 하니까 "부르기 좋고 좋습니다." 하며 "여성 월간 잡지를 보낸다."고 하기에 결정도 안 했는데 부담되니 보내지 말랬더니 "보내고 안 보내는 건 내 자유 아닙니까?" 하는 말에 인연이 되었는지 시집은 가게 되었다.

오늘날까지 2남 1녀 두고 손자, 손녀 보면서 그런대로 해로하고 있으니 감사한 일인듯 하다.

(2021. 12)

옛 친구를 그리며

군산사범 2년 때, 군산 YWCA 기숙사에서(1960년 여름)

나이 80이 되어 회고록을 쓴다고 수십 년 전 사진을 들추다 보니 지금 시대에 보기 드문 흑백 사진 몇 장이 나온다. 보물을 발견한 듯 반가워 들여다보니, 학창시절 YWCA 기숙사에서의 사진이 유난히 눈에 띈다.

무더운 여름날 휴일이었던 듯.

나는 부채를 들고, 문학소녀 향림이는 책을 들고, 얌전둥이 효연이와 각 방에 있던 우리 셋은 약속이나 한 듯 기숙사 앞마당의 정원으로 나와 있다.

정원수 그늘에서 시원한 바람 쐬며, 돌탑 위에 정겹게 앉아 향림이의 책 읽는 소리에 귀 기울이는 모습이 참으로 아름답고 평화롭다 우리는 키가 비슷하여 출석번호도 비슷비슷했다 향림인 32번, 나는 33번, 효연이는 35번. 우리는 기숙사에 있었고, 원자와 이리 영자는 저의 집 옥구와 이리에서 열차 통학을 하고 있었다.

이 다섯 친구들의 이름을 HAPPY, HEALTH, HEART, HOPE, HONESTY라 고 이름지어 5H 클럽으로 3년간 각별한 우정을 다졌다.

우리 회원 중 충남 2명과 전북 3명의 친구들네 집에 방학을 기해 집집마다 초대되어 하룻밤씩 묵으며 우의를 다졌기에 학창시절의 아름다운 추억도 생생하다.

졸업 후엔 각자 학교 발령받아 뿔뿔이 흩어져 교편생활과 결혼생활을 양립시키자며 좀처럼 만나기가 쉽지 않았다.

그러자 86년에 교직을 내놓고 서울로 올라와 보니 동창회가 없었다.

"우리 언니는 예산여고 동창회가 활발히 움직이던데 우리는 뿌리 없는 사람처럼, 이게 뭐라니? 우리 여자끼리만이라도 만나자." 하며 매월 모이기 시작하였다.

80년도 말쯤 부희한테서 전화가 왔다.

"군산 사범 남녀총동창회 체육대회를 양재 초등학교 운동장에서 한다며 총동창회 총무를 맡고 있다는 임창순 선생한테서 여자 주소를 알려달라기에 나에게 연락해보라고 했다." 한다.

그리하여 나는 우리 여자 동창들에게 이 취지의 뜻을 전하고 양재 학교 운동장에 가보니 선후배들이 많이들 모였던데 여자는 선배 서너 명뿐이었으나 우리 동기 여자들은 다수 참석하였다.

행사가 끝난 뒤 12회 동기만 2차로 헌인릉 삼계탕집에 가서 함께 저녁 식사하며 정담을 나눴다.

그 자리에서 매월 아니면 기별 만나자는 의견들도 있었으나, 우리 여자들은 월 1회 만나고 있으니 남녀모임은 봄철 야유회, 연말 송년회 정도가 적합한듯하다고 하여 지금도 그리 실천해오는 편이다.

그 이후 우리 12회 전국 남녀 동창회가 발족 되어 지금까지 30여 년간 활발히 운영되고 있다.

군산, 서울, 전주 지역별로 연 1회씩 돌아가면서 1박 2일 일정으로 그 지역에 거주하는 동창들이 주관하여 숙, 식, 레크레이션까지 일사천리로 잘 진행되어 왔는데 코로나로 인해 잠시 주춤하고 있으나 요즈음은 80 나이 되니 추풍낙엽처럼 하나, 둘 속절없이 떠나버린다.

학창 시절부터 문학소녀였던 향림이란 친구가 60년대에 서울신문사 동화 부문 신춘문예 당선으로 빛을 발하더니 광주에서 지병으로 아들 찾아 상경하였기에 우리 5H 친우들께 연락하였다. 물론 인천 길병원에 문병들은 하였지만 그래도 아쉬워 제의했다.

"졸업한 지 50년 넘고 향림이가 많이 아픈데 살아생전에 우리 한 번 모였으면." 하였더니 몇 년 전 가을, 안산 향림이네서 극적으로 상봉하였다.

이듬해 봄엔 강화도 효연네서 초청하여 해외 여행하는 기분으로 서울서 함께 모여 강화도에 도착하니 효연이 남편께서 자동차로 픽업하여 어시장이며 횟집이며 강화도 관광이며. 두루두루 환대를 받았다.

저녁엔 마니산을 등지고 멀리 탁 트인 서해바다가 보이는 전망 좋은 집에서 쉬고, 이튿날엔 손수 가꾼 채전의 각종 나물과 강화도 수산물 요리를 솜씨 좋은 효연이가 준비한 아침 식탁에서 환담을 나누며 즐겁게 식사를 하는 분위기가 참 좋았다.

내 남편 같으면 딴 상 차리고 부엌엔 얼씬도 못 했을 텐데. 역시 외국인 회사 부사장님 출신으로 사고방식이 개방적인 분이었다.

강화도에 다녀오니 나의 남편 하는 말이 "수십 년 만의 학우들의 방문이 쉽지 않은 일"이라며, 글로 한 편 쓰라기에 "글 잘 쓰는 향림이가 쓰면 명작 나올거라고." 했는데….

그해 여름엔 우리가 살던 대천 해수욕장으로 남편이 주선하여 숙소를 예약하였다.

거리가 먼 이리 영자와 강화도 효연이가 모이기 좋은 중간 지점 대천에서 만나 대천 해수욕장 숙소로 들어가 즐거운 밤을 지새운 것이 무척 기뻤다. 학창시절 5H 클럽 정답던 학우들의 만남이 뜻깊었다. 그날 밤의 만남이 우리 생의 마지막 만남이 될 줄이야!

넌 '보약 같은 친구'라던 향림 친구는 2년 전에 가 버리고, 학창 시절부터 나와 쌍둥이라던 효연 친구는 지난해에 흑백 사진 한 장 달랑 남겨 놓고 훌쩍훌쩍 떠났으니 허무한 인생이구려. 간절히 보고 싶다.

(2022. 2. 2)

대입 합격자 발표(1990년 12월)

고대 교정에서 삼 남매와 함께

큰아들 석주는 어릴 적부터 두뇌가 명석하여 학업성적이 우수하고 냉철하였다.

심성이 선하여 친구들에게도 인기가 좋아 6년간 반장을 하며 대천에서 학교 대표 산수경시대회 준비하다가 6학년 1학기 말에 서울 보광초등학교로 전학 왔다.

서울에 와서도 6학년까지 일기 특수하게 잘 쓰고 학업성적과 운동기능 좋으며, 야구도 잘하니 친구들과 쉽게 잘 어울렸다. 이곳에서도 학교 대표로 산수경시대회에 출전할 정도로 손색없이 잘했다. 오산중학교에 배정되어 다니던 중 우리가 대천에서 방배동으로 이사한 뒤, 강남 경원중학교로 전학 와서 전 학년 1,217명 중 수석도 하였으며 학년 5위권에 드는 학생에게 주는 학교장 시상은 여러 차례 수상하였다.

고교 배정은 인헌고등학교에 문과 수석으로 들어갔으나 체력이 달렸는지 고2 때 기흉수술을 받게 되었다. 2개월간 입원 치료받는 동안 TV 시청각 입시교육도 못 듣는 실정이었으며 퇴원 후에 체육 수업도, 고3 방과 후 수업도, 못 받고 정과 수업만 겨우 받는 정도였다.

두뇌 명석하여 법대 진학할 재목이라 생각했으나 '건강이 우선이다. 공부는 체념해야지' 하니 마음이 편안했는데 고3 대입 입시 지망을 하게 되었다.

이경재 담임선생님께서 기본실력 있고, 침착하니 고대 경영학과에 가능하다고 하시어 그냥 지망했으나 불안했다.

'대입 합격자 발표' 하던 전날 밤새 라디오 발표에 귀를 기울이자 뒤늦게 내 아들 석주가 '고대 경영학과'에 합격하니 온 집안의 경사였다.

잠꾸러기 동생들도 기뻐서 모두 빨딱 빨딱 일어나 엄마 차에 올라탔다. 그렇게 병고에 시달리면서 공부도 제대로 못 했는데 그 힘든 관문을 통과한 내 아들이 대견스럽고 감격스러웠다.

삼 남매를 데리고 성수대교를 지나, 안암동 고대를 향해서 달렸다. 온 식구가 기쁜 마음으로 고대 정문을 들어서자, 우리는 합격자 명단이 붙어있는 벽보 앞에 나란히 섰다.

8개의 눈이 '윤석주' 이름 석 자를 찾기 시작하였다. 드디어 '석주'

이름을 찾았다. 후유! 안도의 숨을 몰아쉬며 우리 네 식구 나란히 기념촬영을 하였다. 워낙 이른 시간이라서 발표장 앞의 인파도 붐비지 않았다.

이듬해 동생은, 형이 못한 뜻을 이루어 서울법대에 당당히 합격하였다.

지금도 외삼촌께서는 "서울법대 합격한 것보다 고대 경영학과에 합격한 것이 더 기쁘다"는 말씀을 하신다.

'윗물이 맑아야 아랫물이 맑다고 한다.'

형을 따라 동생들도 나란히 학업성적이 좋았다.

그리고 특히 초등학교 1학년 1학기 마친 뒤 여름 방학 때부터 학교 과제로 일기를 쓰기 시작하더니 특별히 가르치지도 않았는데 형을 따라 저녁 식사 후엔 자연스럽게 공부방으로 건너가서 꼭 일기를 쓰는 습관을 지니게 되었다. 형의 말은 절대적으로 잘 따르고 형은 언제나 동생들에게 잘 가르치며 사랑으로 대하니 형제애가 남다르다. 참으로 보기 좋다.

부모에게 이보다 더 큰 효도는 없다고 생각한다.

사랑하는 우리 아들, 딸들아 진심으로 고맙다.

이 우애하는 마음 영원하기를!

(2022. 2. 20)

낙엽처럼 살아온

최성걸 선교사님 내외분과 정교수님 내외분과 우리모녀
(워싱턴DC에서, 2020.1.)

난 교회도 제대로 나가는 사람이 못 된다. 그래도 이 곡만은 꼭 찾고 싶었다. 곡명도 모르고 가사도 모른다. 거실에 딸과 마주 앉아 있는데 '혹시 딸은 찾을 수 있을까?' 언뜻 스쳤다.

'신앙심이 두텁고 교회에서 피아노 반주도 하니 그런 생각이 든 것이다.'

몇 해 전 세상을 뜬 나의 다정했던 선교사 친구의 핸드폰 컬러링에서 듣던 찬양곡을 찾고 싶은 것이다.

찬송가 책에서 그 곡을 찾을 수 있을 것 같았다. 간절히 찾고 싶다.

그 친구에게서 전화만 오면 바로 받지 않고 일부러 끝날 무렵에

받을 정도로 좋아했기에 곡명을 물은 적도 있었으나 그 친구도 모른다 했는데 갑자기 세상 뜨니 영영 들을 수 없어 무척 아쉽다는 말도 딸에게 하였다.

이 말을 들은 딸이 쇼파에서 벌떡 일어나 찬송가 책을 들고 오더니 "엄마, 곡목이 뭐야?"

"몰라."

"그럼, 노래를 불러봐."

가사도 모른다며, 띄엄띄엄 허밍 창으로 흥얼거리니 찬송가 책을 뒤적이던 딸이 "엄마, 이 곡이네. 낙엽처럼 살아온"

"어! 그래, 맞다."

난 뛸 듯이 기뻤다. 마치 세상 뜬 친구가 다시 살아난 느낌이었다.

낙엽처럼 살아온 내 모습이 부끄러워
나의 모습 감추려고 어두운 길 걸었네.~~~

저음으로 차분하게 들리는 이 곡이 마음에 평온을 주는 느낌이었다.

며칠 지난 뒤, 딸이 어느 찬양선교사님 댁에 놀러 가자고 한다, 난 영문도 모르고 그 댁에 따라가 보니 최성걸 찬양선교사님이라는 내외분과 옆집에 산다는 내가 귀여워하는 예인이도 할머니를 따라와 있었다. 반가웠다.

준비된 음식을 나눈 뒤 빙 둘러앉아 나눠주시는 악보를 보면서 최 선교사님의 경쾌한 기타 소리에 맞추어 몇 곡을 따라 불렀다.

다음엔 내가 애타게 찾던 '낙엽처럼 살아온' 곡의 악보도 주셨다.

반가웠다.

나도 어설프게 따라서 불렀는데 그런 나의 모습을 맞은 편에 앉아서 함께 찬송가를 부르던 정 교수 사모님께서 동영상으로 찍은 듯하다. 우리 딸의 작전인 걸 전혀 몰랐다. 그러나 간절히 찾고 싶었던 찬양곡을 즐겁게 지도해 주시고 함께 해주신 두 분 사모님께 무한한 감사를 드린다. 애타게 찾고 싶어 하던 이 어미의 마음을 헤아려 이런 기회까지 주선해 준 딸의 효심과 순발력에 감동했다.

2월 말 나의 귀국 앞두고 그날 수고해주신 분들께 감사하며 석별의 정을 나누게 되었다.

그리고 MBC 교회에서 원어민 회화 공부하는 동안은 주 1회씩 사위 직장이 교회 옆에 있으니 아침에는 출근길에 데려다주지만 수업이 끝나는 점심때는 혼자 귀가 할 줄 모르는데 교회 옆에 사신다는 정 교수님(전 창원대 교수) 내외분께서 허겁지겁 MBC에 찾아오시어 나를 픽업하여 딸네 집까지 데려다주신다. 보통 신세를 진 게 아니다. 이루 형언할 수 없는 고마움이다.

내가 무얼 대단한 회화를 배운다고 이런 폐를 끼치나 싶어 사양했지만 저희 세 식구 직장으로 학교로 달리면 이 어리숙한 80 노인 홀로 놔두고 마음을 놓을 수 없는지, 울며 겨자 먹는 식으로 그럭저럭 여러분께 신세만 지고 왔다.

그 외 많은 도움을 주신 여러분들께 이 글을 통해 감사드리며 우리 한국 교포의 상부상조하는 미풍이 참으로 아름다웠다.

(2020. 1. 5)

나의 인생 제2 황금기

진주우체국장실(두 아들과 함께, 1992.12)

1970년 우리 고향 보령 주산의 바로 이웃인 서천 비인 출신 남편과 결혼하여 나의 고향 대천에서 첫 살림 차린 후 10여 년간이 우리 인생 '제1 황금기'였던 듯 평화롭고 행복하게 살았다.

그 후 자녀교육 문제로 86년에 난 교직을 그만두고 남편은 서울 체신청으로 전근하였다.

'일이 취미인 과장, 황소처럼 일만 하는 사람'

대천우체국장 시절부터 중앙우체국장까지 가는 곳마다 경영 우수상과 대상을 받아 '우정업무 국내 1인자'라는 평을 들을 정도로 업무 지향적인 사람이다.

1992년에 남편이 서기관 승진 발령을 진주 우체국장으로 받아 내려가니, 어느 분이 "국장님 이제 골프나 하시죠" 하는 말에 "내가 일하러 왔지, 놀러 온 줄 아나?" 했다는 일화가 있다.

한편 2년간 격주로 진주라 천 리 길을 서로 오르내리다가 비행기 값 절약한다고 남편은 월 1회 나는 주말에 내려가 다음 주말 보내고 오니 딸이 고 2~3학년 동안 수험생 수발은커녕, 두 오빠 식사 준비며 저의 도시락 싸는데도 불평 한번 안 했다.

더구나 '반포 고 3학년 땐 반장'을 맡아 왔다.

난 놀라서 엄마 진주 오르내리면 반장 엄마 역할도 못 하는데, 하며 걱정하니

"담임선생님 불쌍해서 맡았다." 한다.

"응? 왜?" 하니

반장 추천받은 3명 중에서 2명은 '고3'이라 대입 준비하려니 못 한다고 기권하여 제가 맡았다 한다. 그 당시 담임선생님은 황호순 선생님이셨다.

그 말에 난 기특하다고 생각하며 내 사범학교 때 생각이 떠올랐다.

영어, 수학이 아니면 죽음을 달라는 별명을 들을 때, 시험 범위 발표 나면 특히 수학은 쉬는 시간이나 점심시간 되면 친구들이 노트 들고 와서 줄지어 선다. 그러면 풀이 과정을 설명해 준다.

내 공부해야 한다고 밀치지 않고 나처럼 우리 딸도 욕심이 없었던 듯하다.

친구들이 "너의 엄마 무섭다며, 어떻게 수험생 팽개치고 매월 열흘씩이나 그러느냐?" 하고, 어느 친구는 "넌 간섭하는 엄마 없으니

참 좋겠다."고 한단다.

그 뒤 육성회 엄마들 모임에서 자모들이 숙영이 칭찬을 많이들 한다. '윤숙영'은 반장 역할을, 잘난 체 않고 민주적으로 잘한다고 모두 친구들이 좋아한다는 말 들으니 기분이 참 좋았다.

그 이듬해 딸은 이대 경영학과에 입학하였다.

91년 큰아들 고대 경영학과 입학, 92년 둘째 아들 서울법대 입학, 92년 남편 서기관 진급, 94년 딸 이대 경영학과 입학.

공무원의 꽃이라는 서기관 승진한 아버지와 삼 남매가 과외, 재수 한 번도 않고 순조롭게 대입해준 그 시기가 '나의 인생 제2 황금기'였다고 생각된다.

한편 40대 초반에 교직을 내놓을 때 노련한 수업기술로 힘든 육아 기간 넘겼는데 왜 퇴임하느냐며 동료들이 말릴 때, 나 자신도 갈등이 있었다. '승진 목표하고 가점 있는 도서 지망할까?' 잠시 충동도 있었으나 과감하게 퇴임하고 상경하였다.

나 자신도, 가족들도 열심히 성실하게 살아왔기에 아무런 후회 없이 나의 삶에 만족한다.

세 아이들이 초등생활 동안 1학년부터 6학년까지 형을 따라 자율적으로 성실하게 잘 써준 일기 글을 한 권도 버리지 않고, 100권이 넘는 일기장을 소중히 보관했다가 발췌하여 한 권의 책으로 엮은 게 큰 보람으로 남는다.

남해대교

만일 세 아이 중에 뒤처진 형제가 있었으면 사기 죽을까 봐 못 했을 것이다.

그 책 '월주의 꿈'이 방송에 KBS TV 신간 서적 소개되고, KBS 라디오 대담도 하게 된 것 같다.

한편 우리 손녀 나영이 1학년 때 서초초등학교의 1학년 일기 쓰기 지도와, 충남 비인초교의 시아버님과 남편 모교의 요청을 받아 독서의 계절을 맞아 전교생 일기 쓰기와 독서 지도를 한 게 큰 보람으로 남는다.

그리고 교직 생활 22년 퇴임 후, 예술의 전당 서예관에서 서예 취미생활 22년과 늦게나마 한국수필에 등단하여 그런대로 10여 년간 문단 생활하며 노후를 윤택하게 지내게 된 점 기쁘게 생각한다.

'월주의 만추'란 작품(팔순 회고록)을 남기게 된 점 일생의 보람으로 여기며 주변 모든 분들과 가족에게 감사한다.

여생을 보은하는 마음으로 겸손하게 살아가련다.

(2022. 2. 17)

사모곡(묵죽)

묵죽墨竹 1998년 12월 예술의전당 회원전 전시 작품

녹죽綠竹 동무변冬無變 푸른 대나무는 겨울에도 변함이 없고

청음靑陰 경유여更有餘 그 푸르름은 여유롭기까지 하다.

1998년 10월 12일

지난봄, 다녀가신 친정어머니께서 두 딸이 살고 있는 서초동에 반년 만에 오빠가 모시고 왔다. 무척 기다리던 참이었다.

어머니 오시면 해드린다고 추석 때 시댁에 가져가고 남겨 놓은 옥돔을 튀기고, 더덕도 굽고, 재어 놓았던 LA갈비도 구웠다. 이웃에서 온 언니와 함께 온갖 정성 다 들여 저녁상을 챙겨 드렸으나 잡

수시는 양이 많이 줄어 밥 반 공기도 못 드신다. 맛있게 드셨으면 좋으련만.

이튿날 다른 때는 노인정에도 나가셨는데, 이번엔 어렵다고 못 나가시고 소파에 앉아만 계신다.

한편 나는 예술의전당에서 매년 말 아카데미 회원전이 있어 10월쯤 되면 전시 준비에 바쁘다. 어머니 옆에 앉아 정담은커녕 그리 알량한 연습 한답시고 거실에 잔뜩 널려 놓은 걸, 물끄러미 바라만 보시던 어머니께서 나를 쳐다보고 웃으시면서 한 말씀 하신다.

"너는 아무래도 소질이 없나 보다." 하신다.

"붓끝이 마르기 전에 계속 써야 하느니라."는 가르침도 주시고 며칠 후 이웃 언니네로 가셨다.

언니의 정성은 물론 이질들 집에서까지 각각 모셔다가 음식 대접 잘 받으시고 10여 일 후, 잠실 댁으로 모셔다드린 지 채 열흘도 못 되어 급성폐렴으로 인근 대학병원 응급실로 입원하셨다기에 급히 달려갔다.

중환자실에서 2주간 입원 치료받으셨으나 끝내 회복 못 하시었다.

"따뜻한 봄 되면 오신다며"

우리 집을 떠나시더니 한 달도 못 되어 운명하셨다.

1998년 12월 22일 동짓날 '짚불 사라지듯' 숨을 거두시고 24일 크리스마스이브에 고향 선산의 아버지 곁에 고이 잠드셨다.

28세의 아버지 운명을 지켜보시며 30세의 어머니께선 '이 어른 떠나면 나도 따라 죽어야지' 하셨는데 막상 아버지 운명하시는 순간 '이 어린 자식들과 어떻게든 살아야지' 하는 책임감이 드셨다 한다.

아버지 직장 따라 살림하던 생활 정리하고 할머니 홀로 계신 고향으로 어린 우리를 데리고 들어가셨다.

두 분께선 오직 우리 삼 남매만을 위해 충분한 사랑과 엄격한 가르침으로 올곧게 잘 키워 주시었다. 어머님과 할머님의 하해와 같은 그 큰 은혜 어찌 잊을 수 있을까!

그림은 1998년 연말 어머니께서 돌아가시던 해 10월 14일 우리 집에 마지막 다니러 와 계신 중에 제작한 작품이다.

지금도 벽에 걸린 이 '묵죽' 그림만 보면 그날의 기운 없이 앉아 계신 어머니 모습이 떠오르며 눈시울이 뜨거워진다.

연습은 못 해도 어머니 곁에 앉아서 정담이나 나눌 것을, 못 내 아쉽고 그립기만 하다.

어머니! 보고 싶어요. 아버지 곁에서 편안히 잠드소서!

1998년 12월 24일

막내딸 드림

진정한 사랑(손녀와 할아버지)

서천 홍원항에서 미국에서 온 손녀와 할아버지(2011년 4월)

여러 해 전 아버님 뵈러 시골 갔을 때 여쭈었다.

"아버님, 지금도 밤마다 숙영이한테서 전화 오나요?"

"그럼, 숙영이 헌티서 저녁마다 전화 오지. 그게 지가 바쁘고 살기 어려우면 그 멀리서 이 할아비 생각헐 수 있겄어?"

웃으시며 흐뭇해 하신다.

단순히 홀로 계신 아버님께서 쓸쓸하던 차에 반가워하시는 말씀보다는 '타국으로 멀리 출가한 손녀가 그런대로 잘 지내고 있구나' 하며 즐거워하시는 말씀에 손녀에 대한 진정한 사랑을 느꼈다.

숙영이 또한 할아버지에 대한 사랑이 지극하다.

오래전 미국으로 출가한 딸이 고향에 홀로 계신 할아버지께서 고관절 수술까지 받으셔 외롭게 누워계신 할아버지를 매우 안타까워 하였다. 2009년 귀국해서 고향 할아버지 찾아뵈러 갈 때 활자 큰 성경책을 노트와 사서 내려가서 할아버지 머리맡의 책상 위에 시편을 열어놓더니 밤마다 성경책을 읽고 쓰시라는 말씀드리고 미국으로 떠났다.

그 이후 제가 한인교회 새벽기도에 피아노 반주하고 집에 오면 할아버지께 전화를 거는 시각이 일정하게 밤 9시라 한다. 그렇게 밤마다 전화하니 어떤 때는 8남매 자녀들에게 역정을 내시기도 한다.

"타국에 있는 숙영이는 밤마다 전화 허는디. 이것들은 무엇허는 것들이냐?"고 화를 내시다가도 숙영이 말만 나오면 웃음 지으신다.

"고모들도 효성스럽게 하는데 네가 너무 자주 하지 마라" 하면 "딸이 그렇게도 안 해? 난 타국의 홀로 계신 할머니의 생신 되면 친구분들까지 초청해서 음식 대접하며 섬기는데 피를 나눈 내 할아버지시잖아."

언젠가는 할아버지 댁 근처 교회를 인터넷으로 찾아서 우리 할아버지 홀로 외롭게 계시다며 기도 좀 부탁드렸더니 사모와 함께 음료수 사서 찾아가시어 기도해 주셨다 한다.

"다음에 고향 내려갈 땐 목사님 선물 좀 사다 드리면 좋겠다." 하여 찾아뵙고 감사의 뜻을 표한 적이 있다.

원래 누구에게나 인정이 많으나 특히 할아버지께 극진히 대해드리는 마음은 유별나다. 대개 격년에 한 번씩 귀국하면 와서 한번, 출국 전 한 번, 꼭 두 번씩 할아버지를 찾아뵙는다.

한 달 묵어갈 땐 제 아들 학원이나 학교 픽업, 시어른 찾아뵙기, 폭넓은 초·중·고·대, 친구들과 만남, 친척 찾아뵙기 등등.

서울 오면 기가 막히게 바쁘다. 짧은 기간에 거듭 내려가는 건 무리하여 말린다. 와서 할아버지 찾아뵈었으니 갈 때는 그냥 가거라.

엄마 아빠 내려가면 말씀드릴게. 하면 그래도 기어이 고향에 내려가서 할아버지를 뵙고 떠난다. 감동적이다.

그 후엔 할아버지께 밤 9시마다, 제가 하는 말을 따라 하시라 하여 '예수님 영접' '예수님 감사' '예수님 사랑'을 한마디씩 선창하면 잘 따라 하셨는데, 그즈음엔 못 알아 드신다고 하며 걱정한다.

훗날 귀국하여 뵈러 갔을 땐 우리와 행동 통일했는데 어느새 연락을 취했는지 목사님 내외분과 서너 분이 함께 오셔 할아버지 계신 안방으로 모신다.

우리 부부는 아무 영문도 모르고 같이 기도하고, 할아버지 세례받으셔야 한다며 목사님이 아버님 머리에 물도 끼얹는 모습을 나는 처음으로 세례라는 광경을 보았다.

옛날에 친정어머니 돌아가시어 능인선원에 가서 49재 맞이할 때 스님께서 어린 동상에 물을 끼얹는 형상과 흡사한 형국이었다.

그래도 아버님께서 거부 안 하시고 잠자코 수용하시니 다행으로 생각되며 워낙 손녀 숙영이를 믿고 순응하시는 듯하여 보기 좋았다.

그 이후 할아버지께서 96세로 돌아가셨을 때 할아버지 세례받으셨으니 기독교식으로 추도 예배드려야 한다고 숙영이는 말했지만 대대로 내려온 집안 전통을 우리 부부부터도 쉽게 바꿀 수는 없는 듯하다.

지금은 아버님 돌아가시고 안 계시니, 숙영이와 할아버지의 지극했던 사랑만 떠올려도 마음이 울적하다.

이런 조손 간의 사랑이 진정한 사랑이 아닌가!

(2022. 3. 20)

제 2 부

사진 에세이

단란한 우리 가족

큰며느리 49회 생일날. 온가족 오찬 후 강남 신세계백화점 옥상에서 기념촬영(2020. 7. 10)

서초동 할아버지댁에서 큰아들 가족과 만찬 후 후식을(2019년 여름)

'생신 축하드립니다'

사랑하는 아들, 딸과 해외에 있는 조카의 생신 축하연주

바이올린 켜는 아들 윤여준(서초초등 5년)

피아노 연주는 딸 윤나영(서일 중 3년)

트럼펫 공연하는 조카 이민준(Aiden)
(Broad Run High School 1년)

외할머니를 그리며

저자의 어머니 산수연(1996년. 음 7. 15), 삼원가든에서 가족사진(4대)

서초동 집에서, 석현(2004년 가을)

내 인생에서 기억되는 일은 외할머니께서 돌아가셨던 일이다. 그때 나는 내가 좋아하는 사람과 이별하는 것을 경험하게 되었다

외할머니께서는 어릴 적부터 나에게 가장 많이 정신적으로 감화를 주신 분이다.

주변 사람에 대한 애정, 돌아가시기 전까지 일하는 자세, 항상 합리적이고 현명한 판단을 할머니로부터 배울 수 있었다.

누구도 언제나 같이 있을 수 없다는 사실을 그때 알았고 그렇기 때문에 다른 사람들에게 잘해야 한다는 생각을 갖게 되었다.

2004년 가을 외손자 윤석현 씀

어머니의 슬기(1998년 봄)

어머니와 함께, 수곡초교 운동회를 마치고(1969년 가을)

어머니 돌아가시던 해. 봄, 두 딸이 사는 우리 동네에 다니러 오셨다. 우리는 어머니를 모시고 예술의전당 뒷산에 올라, 양지바른 잔디밭에 앉혀 드렸더니 마침 뻐꾸기 소리가 들리니 무어라 중얼거리신다.

"엄마, 무슨 말씀이세요?"

내가 재차 여쭈니, 70여 년 전 일곱 살 때 두 살 위인 재종 언니(9세)가 면장이시던 부친 따라 청양 읍내로 이사 가서 보낸 편지글이라 하신다.

무심코 산에 올라 산새 소리 들으니 어린 시절이 생각나셨던지 작은 소리로 흥얼거리신다.

나는 하도 신기해서 내 수첩을 급히 꺼내어 듣고 받아 적었다.

"우리 재종형제 악수 상별하고
앞이 캄캄.
돌아서서 고향 산천 바라보니

수려한 청산 속에
두견성과 꾸꿍새(?)는 철을 이별하고
관대절히(?) 슬피 울어 언제나 우리 종형제 다시 만날까?"

내가 잘 못 알아들었는지 매끄럽지 못하나 감동이었다.

이런 어머니의 지혜로움으로 나의 아침잠 깨우시던 비결이 생각난다.

나는 잠꾸러기였다. 직장 다닐 때 매일 아침 7시 10분 전 밥하러 나가시며 내가 즐겨 듣던 그 당시 '신태민의 에티켓 선생' 10분간 라디오 프로를 매일 아침 나의 머리맡에 살짝 틀어놓고 밥하러 나가신다.

출근 준비에 지장 없이 해 주신 어머님의 현명한 슬기에 새삼 감사드린다.

-2022년 새봄

즐겁던 학창시절(1961년 11월)

군산사범 3년

몇 해 전 죽음을 대비한다고 케케묵은 앨범 덩이를 정리하였다. 언니, 오빠 사진은 각각 그들 집으로 떼어다 주고 내 사진은 버릴 건 버리고 몇 장 남겨 둔 것 중 하나.

티 없이 맑고 꿈 많던 학창시절의 교내 호숫가 사진이다.

'아유, 멋있어! 나에게도 이런 아름다운 시절이 있었던가?'

보석처럼 빛나는 이 사진을 들여다보며 즐거웠던 그때를 회상한다.

50여 년 전의 흑백 사진. 졸업을 앞둔 을씨년스런 초겨울 어느 날. 교정을 지나던 사진사 아저씨가 하굣길의 우리를 보고 운동장 가의 호숫가에서 즉흥적으로 한 컷 찍어준 것이다.

하마터면 쓰레기 더미에 묻힐 뻔하지 않았나!

아찔하다. 이 값진 사진을…

아스라하게 먼 그 시절이 파노라마처럼 스친다.

신혼 시절 부부싸움

대천에서(1974년 여름)

우리는 장남과 막내딸로 동갑끼리 만나서 내 고향 보령 대천에서 신접살림을 시작하였다.

어느 날 동 학년 연세 드신 남자 선생님께서

"백선생은 부부싸움 안 하죠?" 하신다. 나는 웃으면서

"저도 여잔데요." 하며

저보다도 남편이 이해심이 많아 싸울 일이 별로 없어요. 하였는데, 한번은 옥신각신 언쟁을 하다가 남편이 갑자기

"이젠 내가 쏘크라테스가 돼야겠어." 한다.

"흠, 누굴 악처로 만들어. 내 덕택에 철학자 되겠군."

이런 말을 주고 받던 40여년전 신혼시절을 떠올리며 빙긋이 웃음이 난다.

근래 힛트치는 나훈아의 '테스형'을 들으며 쏘크라테스의 진면목을 재음미한다.

30년간 아테네 시민의 정신혁명을 위해서 그의 생애를 바쳤는데 '어리석은 민중'에 의해 '불신앙과 청년의 유혹'이라는 죄명으로 법정에서 사형선고를 받고 처형되었다.

감옥에서 독배 마시기 전에 사랑하는 제자 '플라톤'에게 '사는 것이 중요한 게 아니라 바로 사는 것이 중요하다.'

'진실하게 사는 것, 아름답게 사는 것, 보람있게 사는 것.'

여기에 '바로'라는 말이 제일 중요하다.

말, 생각. 행동, 정치, 경제, 교육 모든 것을 바로 해야 한다는 것을. 읽고 또 읽어도 대 철학자다운 명언이다.

-2021년 여름

아휴, 귀여워!

손녀 나영이 두 살 때 (2007년 겨울)

말도 제대로 못 하면서 전화벨 소리만 울리면
우리 손녀 바빠요.
손에 닿지 않던 전화기가.
이젠 제법 자랐어요.
왼손, 오른손도 구분 못 하니
그 모습 더욱 귀엽다.
벨 소리만 나면 수화기 들고 언니! 언니!
할미가 옆집 사는 언니를 자주 부르니 따라서.
아휴 우리 손녀 귀염둥이.
벌써 성장하여 고등학생 되었어요.

-2022. 3. 5

잔디가 좋아요.

충남 서천군 비인면 선산에서 성묘 후, 4대가 한자리에(2007. 10. 13)

2005년 10월 26일, 결혼한 큰아들이 신혼여행 다녀오면 바로 고향 선산에 가서 조상님께 인사 보내려 했는데, 손자 결혼식 때 올라오신 시아버님께서 대상포진으로 성모병원에 한 달간 입원하게 되시어 조상 어른께 인사를 못 보냈다.

그 이듬해엔 며느리가 만삭되어 못 가고, 3년째 되는 2007년 가을, 갓 첫돌 지난 손녀 데리고, 우리 부부는 아들 며느리와 함께 맑은 가을 하늘 아래, 금의환향하는 기분으로 고향길을 달렸다.

비인면 소재지에 살고 계신 시어른께 인사드린 후, 아버님 모시고 그곳에서 가까운 비인 '파평윤씨의 가족 묘원'에 올라 조상님께 인사를 드리도록 하였다.

그런데 잔디밭에 내려놓은 손녀가 잔디를 어찌나 좋아하는지. 이루 표현 못 할 정도로 상상 밖이었다.

서울 콘크리트 바닥만 보다가 뾰족뾰족하고 푹신한 잔디를 밟으니 신기하기만 한지. 그곳에서 눈도, 발도 떼지 않으려 하여 증조할아버지, 할아버지, 저의 아빠도 안고 사진 찍으려면 떼를 쓰며 내리려 하여 사진도 제대로 못 찍었다.

-2007년 가을

마지막 여름휴가(2000년 여름)

대천해수욕장(자녀들)

2000년 8월 16일 중앙우체국장 재임 시 남편의 마지막 여름 휴가를 떠났다.

1972년 대천에서 첫 살림 차린 뒤부터 애들 어릴 땐 집 가까운 대천해수욕장에서 물오리처럼 튜브 타고 동동 떠다니며 즐겼으나 아이들 성장 후엔 둘이서만 주로 방방곡곡 누비고 다녔다.

'그간 황소처럼 일만 하는 사람, 일이 취미인 과장'이란 말을 들을 정도이니 오죽 답답했을까 싶어 내조한답시고 해마다 여름이면 3박 4일 일정으로 국내 여행을, 올해엔 어디로 갈까? 하며 남편과 즐거운 마음으로 머리를 맞대고 궁리를 한다.

무주 구천동, 남원 춘향골, 충무 해저터널, 진해 벚꽃마을, 충북 단양팔경, 강릉 오죽헌, 여수 오동도. 부산 해운대, 제주도 등등.

두 아들은 피하여 대학생이 된 딸과 그의 친구와 동행하여 올해엔 울릉도로 가자고 하였다. 다행히 날씨가 좋아 뱃멀미는 조금 했

울릉도 케이블카에서

으나 무리 없이 잘 도착하였으며 그곳의 명산품인 울릉도 호박엿도, 오징어 맛도 일품이었다.

이튿날엔 둘이서 케이블카를 타고 동해의 푸른 바다와 턱 트인 울릉도의 산 상을 공중 비행하며 대자연을 감상하였으며, 태풍이 몰아쳐야 어장이 뒤집혀서 오징어 풍어가 된다는 사실도 알게 되었다. 섬에 도착하자마자 태풍 예고 있어 바로 나온 분들도 있다 하는데 쾌청한 날씨에 유감없이 즐기게 되어 행운이라 생각되며, 남편의 마지막 여름휴가였기에 더욱 감회가 깊었다.

-2000년 여름

숙영이 함 받는 날(2003년 7월)

딸 함 받는 날(서초동 진흥거실에서)

오늘은 딸 숙영이의 함 받는 기쁜 날이다.

2003년 7월 11일 오후 5시 노보텔 결혼식장에서 결혼 앞두고 미국에서 직장 다니던 사위 짜리가 며칠 전에 함을 메고 왔다.

염곡동에 사는 친동생하고 이종 동생과 셋이서, 소담스런 빨간 장미꽃 바구니와 함을 메고 정중히 들어와서 맞은 편 자리에 넥타이 차림으로 셋이서 웃으며 나란히 앉아 있다.

우리 두 아들도 양쪽 사이드에 반 티 차림으로 앉아서 활짝 웃고 있으며, 서초동 이웃 사는 이질 둘과 이질서가 와서 자리를 빛내 주고 있다. 캠코더 전문가 작은이질은 모습이 보이지 않아 아쉽지만 오늘의 카메라맨으로 더욱 고맙게 생각한다. 여기 보이지 않는 여자들은 음식 준비에 분주하다. 그야말로 축제 분위기였다.

2003년 여름

고흐의 벽화(2021년 여름)

지난해 여름 자동차 보험 관계로 서초구청에 볼일 있어, 남편과 함께 오후 서너 시 경, 운동 삼아 걸어서 갔다.

본관 민원실 입구에 들어서니 코로나 관계로 얼기설기 테이프가 줄져 있고 대기하는 사람들이 웅성거리는 속에서 널찍한 휴게실 정면 벽을 보니 시원스런 멋진 그림이 보였다.

그 아래 긴 의자에 어떤 남자가 편안하게 앉아 있어, 나도 다리 좀 쉬고 싶어 조심스럽게 가서 앉으려니 마네킹이었다. '어' 움칠하며 자세히 보니, 그 유명한 화가 고흐의 마네킹과 벽화였다. 남편과 함께 사진 한 장 찍으니 그럴듯한 걸작이 되었다.

-2021년 여름

삼 남매의 우애

우리 삼 남매(2019년, 언니 산수연 날)

왜정 때 조선 사람은 10프로밖에 못 들어간다는 강경상업학교를 졸업하신 아버지는, 우리 고향 보령군 주산면 바로 이웃인 서천군 비인 금융조합에 근무하시다가 28세에 돌아가셨다.

그 당시 어머니는 30세였으며, 나 4살, 오빠 6살, 언니 7살 때, 6살짜리 오빠가 호주가 되었다 한다.

어머니는 이 어린것들과 어떻게든 살아야지.' 하는 결심으로 어린 우리를 데리고 할머니 사시는 주산 고향으로 들어가서 할머니와 어머니는 오직 우리를 위해 평생을 헌신하셨다.

해방 이후 토지개혁으로 많은 농토가 줄었는데다 아버지마저 돌아가셨으니, 삼 남매 교육시키기도 어려운 형편이 되었다.

그 시대 농촌에서는 우리 또래 여자들은 무학자도 많았는데 할머니와 어머니께서는 교육 열의도 대단하셨던 듯하다. 풍족지 못한

고향 뜰에서 할머니와 어머니(1965년 설날)

살림에 두 손녀는 고등교육을, 손자는 대학교육을 시키셨다. 늘 그 어른들의 은혜에 감사하며 주변에서 칭송받을 정도로 예의범절을 따르고 남달리 우애하면서 80 넘도록 그런대로 잘 살아가고 있다. 두 어른의 하해와 같은 음덕으로 생각한다.

늘 감사한 마음으로 이 각별한 우애가, 우리 자손 대대로 이어지길 바란다.

- 2022. 2. 9

인연

서 여사님 댁에서

예술의전당에서(2018년 12월)

1990년 9월 예술의전당 서예관 문인화 반에 3기생으로 입문하니 일 년 전부터 다니던 선배님 한 분이 계셨다. 그분은 이대 국문과 졸업 후 결혼생활 하며 홍대 미대를 나와 예술의전당에 다니시는 학구열이 대단한 분이다. "서예관이 월요일엔 휴무이니 몇 사람이 나와서 연습하자." 하여 수강생 중 방배동 2명, 서초동 2명, 반포동 2명, 하여 근처에 사는 6명이 매주 휴강인 월요일마다 모여 자습하고 노래도 부르며 친목도 다지며 그날그날 품평도 하는 표현 그대로 순수한 자율학습이었다. 그 이후 난 화제와 필력을 다진다고 글씨 반으로, 그 선배님은 중국어를 배운다며 종로학원에 다니시더니 칠십에 방통대 중문학과에 편입하여 올 A 획득으로 우수학생이 되어 강사 자격까지 취득하여 방통대에서 강의했다. 뿔뿔이 흩어졌어도 매월 목요일엔 예술의전당의 향취를 맛보며 우정을 유지하였다. 그 열정이 지금도 멈추지 않고 팔십오 세 고령인데 댁에서 가까운 '한국학중앙연구원 청계 서당 연구반'에 나가신다.

학식이 풍부하다고 존경스럽다는 생각은 아니다. 언행과 용모와 인품이 어느 한 점 흐트러짐이 없다. 상당히 합리적인 판단과 사고방식이 건전하여 사회에서 맺어진 선배님의 품성이 훌륭하시다. 취향도 비슷하다. 나보다 먼저 '에세이문학'에 수필 등단하시고 클래식 음악을 즐기시며 그림 실력이 월등하여, 각종 문화 공간에 전시가 있는 날엔 함께 관람도 하고 본받을 점이 많은 분이다. 이런 소중한 분과 각별한 인연을 맺게 되어 인생의 선배로서 노년의 취미생활을 함께 하고 친언니같이 따뜻한 정담과 일상적인 대화를 나누며 지내게 된 것을 더없는 행복으로 여긴다.

-2022년 새봄

사랑초

사랑초(1999년)

'사랑초'는 생명력이 강하다고 알려져 있다.

이 화초는 난이나 선인장, 관음죽처럼 가정에서 흔히 가꾸는 게 아니라서 나는 그날 처음 보는 화초였다.

1998년 12월 22일 어머니께서 돌아가시자 얼마 안 되어 설 쇠고 나니 어머니 생각이 간절하였다. 그러자 노인정에 늘 함께 다니시던 동갑 되시는 8동 할머니 생각이 언뜻 떠오른다.

나는 한과 한 박스를 들고 그간 시댁에 가서 설 쇠고 오면 우리 부부 어머니 댁에 세배가듯 나 홀로, 그 할머니께 정초 세배드리러 갔다.

우리 어머니께 세배드리는 마음으로 예를 갖추어 공손하게 세배를 드렸다.

나는 고개를 드는 순간 전면 TV 옆에 높이 놓여있는 희귀한 화초를 보았다.

"어마나 저게 무슨 화초예요. 할머니!"

연두색 빛 가느다란 댓개의 20cm여 정도의 잎줄기 끝에 자줏빛 꽃잎이 석 장씩 나비처럼 붙어 가냘프고 부드럽게 하늘거린다. 참으로 희한한 화초였다.

할머니께서 꽃 이름은 '사랑초'라 하시며 그 신기한 화초가 또 하나 있다며 조그마한 화분을 나에게 주신다.

나는 기쁜 마음으로 어머니 모셔오듯 우리 집으로 안고 돌아왔다.

그 꽃을 우리 집에서 가꾸는데 또 희한한 모습을 발견하였다.

저녁에는 하트모양의 세 잎이 서로 옆의 잎과 붙어서 오므리고, 자고 난 이튿날 아침에는 활짝 피어 방긋 웃는 표정이다.

'그래서 사랑 초인가 보다.'

이 화초를 볼 때마다 어머니의 애틋한 사랑이 느껴지니

내 마음도 훈훈하다. 생시에 늘 함께 떠나자 하신 다정한 두 분 지하에서 편안히 잠드시길.

-2022년 3월 12일

막내 시동생 회갑연(2019년 여름)

부모님은 우리들의 영원한 히어로

우리 시 동기간 5남 3녀 8남매분 중, 막내 시동생의 회갑연 날이다.

코로나 관계로 많은 분들이 참석하지 못했어도 분위기가 참 좋았다.

남매를 둔 시동생이 지난해 공직에서 정년 퇴임 후, 신혼 초부터 살림하던 의정부에서, 공기 맑고 자연경관 수려한 구리시로 이사한 후 초대한 자리이다.

생활력이 강하고 예의 바르며, 미모까지 갖추어진 막내동서와 건실하게 생활한 시동생의 노력으로 여겨져 맏이로써 시동생 내외께 감사한 마음 들며 참 보기 좋았다.

특히 주인공의 아들, 딸인 조카들이 마련한 '부모님은 우리들의 영원한 히어로'라는 걸개까지 설치하여 축하의 분위기를 더욱 고조시켰다.

우리가 대천 살 때 큰형이 아이 낳았다는 소식 듣고 조카 보고 싶다며 서천에서 시어머님 따라왔던 열 살짜리 막내 시동생이 어느새 회갑이라니 세월의 무상함이 느껴진다.

막내 시동생 내외분께 회갑 축하하며 만수무강하고 더욱 행복하기를 기원합니다.

-2020년 여름

우리 동서들

넷째, 둘째, 큰 며느리 북한산의 삼 동서(1998년 여름)

5동서 중 대전 셋째동서와 의정부 막내 동서가 사정상 빠져서 아쉽다

나는 5명의 며느리 중에 큰 며느리이다. 한 마디로 큰 며느리 자격이 없다. 혼담 할 때부터 막내로 자라서 여러 형제 맏며느리가 안 맞는다고 친정어머니께서 걱정하셨으나, 그런대로 잘 조화를 이루게 된 점은 우리 동서들과 세 분의 시누님들의 이해심과 시부모님의 아량과 배려심 덕분이라 생각한다.

우리 시부모님께서 위계질서를 세워주시고 동서들의 협력과 이해심 덕분이라 생각되어 늘 감사한 마음을 갖는다.

"아버님은 일할 때는 우리들을 부르시고 인정은 큰 형님만 하신다"라고 하면 "편애해서가 아니라 마음 씀이 됐다."는 말씀을 하신다.

이처럼 내 비록 일은 잘 못 해도 인정해주시어 위계질서를 세워

주시는 아버님께 한량없이 감사드린다.

파평 윤씨 5형제는 과묵하고 성실하여 남자답고, 우리 동서들은 상냥하고 예쁘다. 부부는 언바란스가 조화를 잘 이룬다는 말처럼.

가정마다 화목하여 보기 좋다.

큰동서의 부족함을 잘 메워주며 잘 따르니 고맙고 세 분의 시누님들까지 큰 올케의 부족함을 이해해 주니 고마울 뿐이다.

행사 때 다섯 동서 고향에 모이면 공통적으로 멋없는 남편들 흉(?) 실컷 보면서 깔깔거리며 언제나 분위기가 참 좋다.

-2021년 12월

설날(2007년 음 1월 1일)

아가와 엄마

까치까치 설날은 어저께구요.

우리우리 설날은 오늘이래요.

이 세상에 나온 지 반년 됐어요.

옆집 사는 우리 할아버지 댁에 왔어요.

증조할머니 차례 지내러 왔어요.

하양, 까망 예쁜 옷 입고

엄마 아빠 따라서 일찍 왔어요.

고향에서 증조할아버지도 오셨네요.

종조할아버지들도, 종조할머니들도 많이 오셨네요.

"엄마! 저게 뭐예요?"

천정에 대롱대롱 매달렸네요.

"응, 형광등이란다."

정겨운 오누이

예술의전당 나영과 여준(6세, 2세)

'어느 강아지가 이렇게 예쁠까?'

큰아들 결혼 이듬해인 2006년에 첫 손녀가 태어난 지 4년 뒤, 백호 해에 손자가 태어났다.

처음엔 시샘하여 동생의 빰을 '찰싹' 때리며 달아나던 누이가, 지금은 둘도 없는 친구다. 참으로 보기 좋은 오누이다.

어느새 자라서 손녀는 중3 이고, 손자는 초등 5년이다.

'동생이 없고 누나가 없었으면 외로워서 어쩔 뻔했나?'

이렇듯 예쁜 손녀, 손자를 낳아준 아들 며느리가 고맙다.

식탁에서 단단한 감을 먹던 손녀가 말을 건넨다.

나영 "할머니는 물렁감이 좋아, 단단한 감이 좋아?"

"할머니는 물렁감이 좋아."

여준 "할머니가 선생님이랬죠?"

"응, 왜?"

"우리 선생님은 추울 때 호주머니에 손 넣으면 안 된다고 했는데요."

"응 그래, 빙판길에선 그렇지."

손녀는 여성적이고 손자는 남성적이다.

우리 손주들 대견하기만 하다.

2021년 가을

딸과 민준이 출국하던 날

(2021년 6월~8월 2일)

딸과 민준이 출국하던 날

안녕하세요? 귀국하여 한 달간 코로나 자가격리 마치고서야, 이웃에 계신 친 할아버지 댁에도 갈 수 있었어요.

아빠는 오시지도 못했어요. 2달 휴가 기간 중 한국에서, 미국 가서 한 달씩 격리하면 쉴새 없다구요.

외할아버지, 외할머니 팔순연도 못했어요. 코로나 때매요.

그래서 엄마가 책 한 권(디사이플) 발간해서 다음에 친척들께 나눠드리라고 놓고 가요. 2021년 6월 입국하여 8월 초에 출국해요. 안녕히 계세요. 나영 누나도 안녕!

이민준 Aiden 드림

-2020년 여름

피는 물 보다 진하다(2020년 8월)

도림천 변에서

30년 전 아이들 진학 문제로 서울로 이사하여 서초동에서 고향에 오르내리는 길밖에 모르다가 재건축 관계로 겨우 정붙이고 살던 동네를 떠나게 되었다.

서울대 아래 도림천 변 생소한 곳으로 이웃 살던 언니네와 함께 이사했다.

그러던 어느 날 갑자기 젊은 청년한테 전화가 왔다.

"영자 누님이세요? 저 광천 고모 아들 승행이예요."

"응? 이게 웬일이야, 어떻게 알았어?"

"예, 제가 이 동네 사는데, 영규 형님한테서 누님이 이쪽으로 이사하셨다는 말씀 들었어요."

돌아가신 우리 막내 고모님이 살아오신 듯 뛸 듯이 기뻤다. 내 피붙이가 이웃에 살고 있다니. 내외종 간이라도 얼굴도 본적없고 '승행'이라는 이름만 들었을 뿐인데도. 이렇게 기쁠 수가.

실은 이 동생이 쌍둥이여서 멀리 친정댁에 오실 때도 데리고 오지 못하셨고 난 지방에 있었기에 이 동생을 대면한 적도 없었다. 수일 내로 찾아뵌다더니 바로 와서 나와 매형께 정중히 인사한다. 무척 반갑고 고마웠다.

그 후 서초동 공사가 끝나 이사 올 땐, 그 좋은 도림천 변에서 석별의 정을 나누고, 지금은 새삼 혈연의 소중함을 느끼며 정겹게 종종 안부를 나눈다.

-2020년 봄

과천 서울대공원에서(2009년 가을)

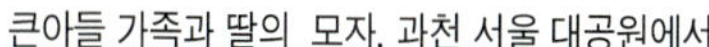

큰아들 가족과 딸의 모자, 과천 서울 대공원에서

나영과 민준

손녀 나영이가 2006년 8월 10일 차병원에서 출생한 뒤 백여 일 지난 뒤, 외손자 민준이가 버지니아에서 같은 해 12월 7일 태어났다.

민준이가 3년 후 귀국하여 나영, 민준 이 세상에 나와 내외종간의 첫 만남이다.

함께 대공원에 가서 참 기뻤다.

사람도 많고 국화꽃도 많다.

공항에 도착하던 날 'No, No' 하던 민준이가 나영이 누나 다니는 유아원에 함께 다니며 석달 만에 출국할 땐 '안녕' 하며, 우리말을 곧잘 하였다.

2009년 12월

부전자전

(워싱턴DC 아메리칸미술관에서(2020년 1월))

도림천 변에서의 석현-신문 보는 작은 아들 모습이 그림 신문 보는 아버지가 떠올라 웃음 지움

워싱턴DC 아메리칸미술관에서-그림 신문 보는 아버지 앞에서 (1800년대 -신문 보는 아버지)

나의 남편은 신문은 이성적인 벗이고, 술은 감성적 벗이라며 신문을 일상 의식처럼 즐겨 탐독한다.

부전자전이라더니 저의 아버지를 닮았는지 우리 둘째가 신문을 즐겨 본다.

대학 다닐 때나 직장 다닐 때나, 그것도 한 가지만 주문하는 게 아니다. 조선일보와 KOREA HERALD나 KOREA TIMES를 제 몫으로 꼭 두 가지를 주문한다.

나는 아버지가 조선일보를 보시니 '영'자 신문 한가지만 주문해라. 하면 "그래도 책 한 권 값도 못 된다"며 어미 말은 듣지도 않는다.

나는 속으로 '읽기나 다 하는지. 괜히 허비할 필요 있나.' 싶으면서도 함구한다.

오늘도 도림천 변 운동 나가서 신문을 보고 있다.

그래도 아들이 사회 상식이나 일반 지식이 풍부한 것은 신문 덕택인 것 같다.

지난해 워싱턴DC에 있는 아메리칸 아트뮤지움에서 본, 19세기의 세계적인 미술 작품 속의 '신문 보는 아버지'를 보면서 우리 아들의 모습이 떠올라 나 홀로 웃음 짓는다.

-2020. 1

함머니 이것 보세요.(2007년 봄)

거실에서 기어 다니다가 위를 쳐다보니 화초잎이 늘어져 있어요.

옆에 있는 커다란 수석을 붙잡고 침방울이 질질 흘릴 정도로 힘들게 파란 잎을 겨우 잡았더니 조금 찢어졌어요.

내 몸집보다 큰 이 수석은 오래전 나 태어나기 전에 우리 외할아버지가 주신 거래요.

우리 아빠랑 엄마랑 결혼 약속하고 대전 외할아버지댁에 아빠하고 삼촌이랑 둘이서 자동차에 함을 싣고 서울에서 대전까지 내려갔대요. 운전도 서툰데 지방에 처음 가는 길이라서 아빠랑 삼촌이랑 둘이서 많이 힘들었대요,

외할아버지께서 기분 좋으시다고 진열된 수석 3개를 함을 싣고 갔던 자동차 트렁크에 실어 주셨대요.

"참 보기 좋지요?"

외할아버지, 외할머니 감사합니다. 오래오래 사세요.

저희도 행복하게 살게요.

나영 드림 07년 봄

영국의 템즈 강변에서(2011년가을)

템즈 강변에서 노래 부르는 나영(2009. 봄)

나영이 세 살적 '꿈터 어린이집'에 다닐 때 하원 시간 맞추어 데릴러 갔다.

친구들과 거실에서 놀던 손녀가 "나영아!" 부르니, 발을 동동 구르며 뛰어나온다. 그러더니 홱 돌아서서 큰 소리로 "나는 영국 간다. 비행기 타고 영국 간다." 하며 자랑하던 그 말 한마디가 지금도 웃음이 절로 난다. 출국 전날이었다.

실은 국정원에 다니는 저의 이모가 영국 6개월간 연수차 가 있을 때 저의 외할머니와 함께 엄마가 여행간다 하니 나영이도 그 말 따라 신이 난 듯하다.

더구나 템즈 강가에서 마이크 잡고 노래까지 불렀으니 얼마나 좋을까? 우리 손녀 대단한 용기다. ㅎㅎㅎ. 윤나영 파이팅!!!

-2009년 봄

엘리제를 위하여

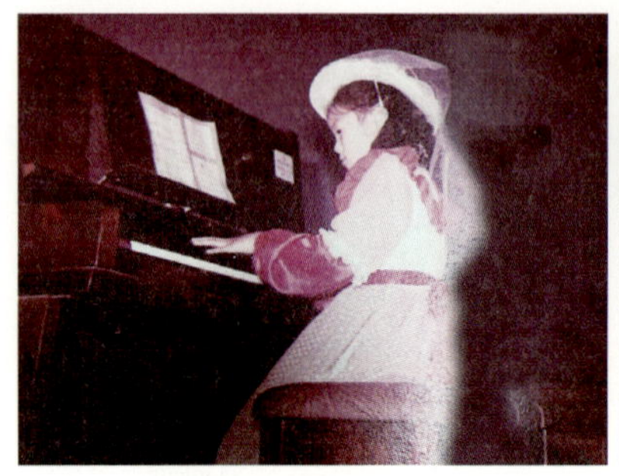

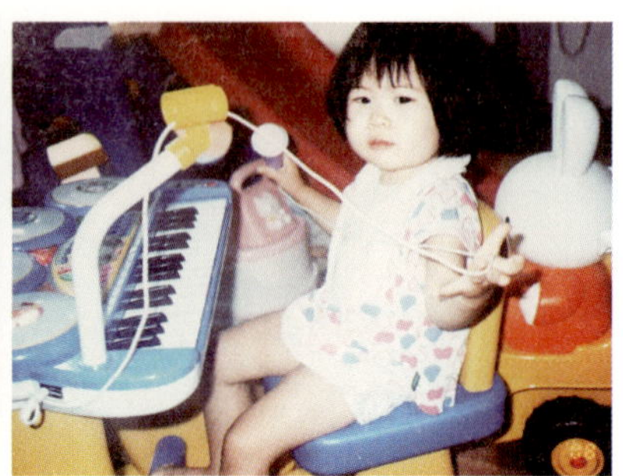

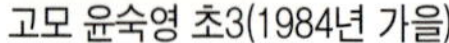
고모 윤숙영 초3(1984년 가을)

조카 윤나영 3세(2008년 8월 18일)

어느 날 아침 손녀의 장난감 밴드 시설에서 아름다운 멜로디가 흐른다. '엘리제를 위하여' 그 곡을 듣는 순간 30여 년 전 딸이 대남초등 3학년 때 '대남초롱 축제'에서 이 곡을 피아노 연주하던 장면이 오버 랩 된다.

대천 문화극장에 꽉 찬 학부모와 전교생의 박수갈채를.

진분홍빛 공단 드레스에 하얀색 망사천을 늘어뜨린 모자는 그야말로 환상적이었다. 이 아름다운 드레스와 모자는 서울 사시는 올케언니가 구입하여, 친정어머니께서 가지고 내려오신 것이다.

사진은 그 당시 대남 2학년 담임이셨던 강태구 선생님께서 직접 찍어서 액자까지 맞춰주신 것이다. 세 분들의 성의에 새삼 감사드린다. 지금도 소중한 이 사진이 우리 집 거실 복판의 피아노 위에 자리하고 있다.

-2022. 2. 27

우리집 보배

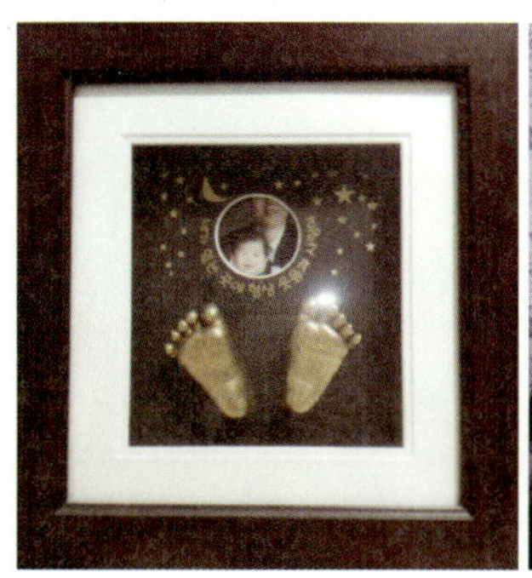

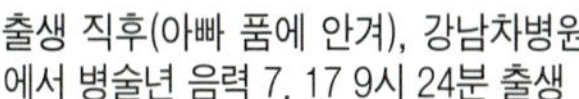

출생 직후(아빠 품에 안겨), 강남차병원 에서 병술년 음력 7. 17 9시 24분 출생

나영이 2살 때(2008년)

장손녀 나영이는 태어날 때부터 '우리 집 보배' 라고 불리며 귀여움과 사랑을 독차지하였다. 조산원에서 나영이를 처음 받아 안은 조산원이 할머니에게 "다른 애기들은 입을 헤 벌리고 있는 게 보통인데, 이 애기는 입을 꽉 다물고 있는 모습이 예사롭지 않네요" 하는 애기를 듣고 무척이나 대견해 했던 것을 때때로 떠올리며 남다른 기대를 하곤 한다.

나영이가 초등학교 1학년 때 인근 태권도 학원에 다녔는데 태권도 경연대회에서 도복을 입고 꼬마가 어찌나 힘 있고 절도있게 동작하는지 이를 지켜본 저의 할머니가 감탄을 하자 옆에서 같이 참관한 아파트 아래층 후덕한 사장 부인이 "어쩌면 저렇게 잘할 수 있어요!" 하며 부러워하기도 하였다(4학년 된 체격이 큰 자기 손녀딸도 경연대회에 같이 참가하였다).

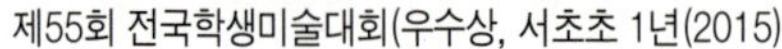

제55회 전국학생미술대회(우수상, 서초초 1년(2015)　　태권도 서울(서초초 1)

도복을 입고 태권도를 할 때는 차돌처럼 단단하고 야무지고 절도 있는 모습이 당돌하고 신기하기까지 하다. 주변 사람들이 총명해 보이는 나영이를 보고는 "나영이가 공부도 잘하지요?" 물으면 "그저 그래요" 하고 대답하면서도 어릴 때 특출한 그 성정이나 기질이 성장하며 언젠가는 나타나겠지! 기대하면서 할아버지와 할머니가 희원을 갖고 있다.

-2022.1 할아버지 씀

계룡산

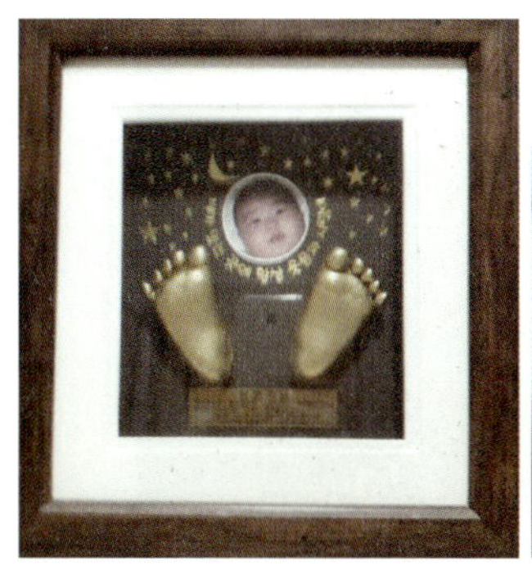

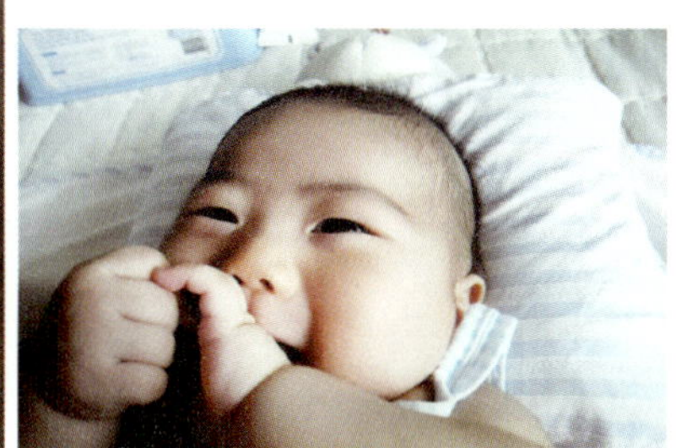

여준. 강남 차병원에서 경인년 음력 2. 24 자시 출생

계룡산 서기瑞氣를 받고 태어난 장손 여준이

여준이는 2010년 3월 29일 밤 11시 45분에 태어났다. 태어날 시간대에 대전에 사시는 외할아버지께서 꿈을 꾸었는데 "몽중에 외손자가 태어났다는 얘기를 듣고 앞산 계룡산을 바라보니 불빛이 환하게 발산하더라."라는 것이다.

외손자 여준이의 출산 소식을 듣고 사돈 내외분이 서울로 올라오셔서 우리 내외(친조부모)와 함께 점심 식사하는 자리에서 꿈 얘기를 하셨다.

우리는 "여준이가 계룡산 정기를 받고 태어났다."라고 기뻐하였으며 장군처럼 잘생긴 얼굴을 보면서 모두 흡족한 기분이 들었다.

서이초등 6학년(2022)

여준이가 태어났을 때 누구보다도 용모가 준수하고 기품氣稟이 장군처럼 의젓한 점이 특출하였으며 성장하면서 성품이 진중하고 넉넉하여 대인大人의 기질이 역력한 모습이어서 든든하다.

한편 외할아버지는 몸소 채집한 수석壽石 3개를 함을 가지고 간 사위(석주) 차에 실려 보내주시어 지금까지 우리 집에서 귀중하게 소장하고 있기도 하다.

- 2022. 1. 5. 할아버지씀

영자의 전성시대(2021년 4월)

정다운 두 영자(2021.4)

우리 세대는 유난히 '子'字 이름이 많다. 특히 영자 이름은 왜 그리 많은지. 우리는 딸 사돈, 아들 사돈, 중매한 분도 모두 '영자' 이름이다.

옛날에 군산 사범 다닐 때 지방 학생을 위해 YWCA의 사회사업 차원에서 저렴한 가격으로 기숙사를 운영하고 있었다.

그리하여 충남 주산의 백영자와 전북 여산의 이영자가 한방에서 졸업할 때까지 퍽 정겹게 지내게 되었다. 주먹만 한 여산의 귀한 밤 한 톨을 갖다 주며 자꾸 옮겨 심으면 커진다고 한다. 워낙 신기하리만치 큰 밤을 고향 뒤뜰에 심었다. 매년 밤 털을 때마다 영자를 생각하게 된다.

그러나 졸업 후엔 상호 거리가 멀고 가정과 직장 양립시키자마자 소식 두절 되었는데 뒤늦게 소식을 듣고 보니 두 영자 아들이 서울 법대 선후배가 되었으며, 첫 손녀 나란히 서초초교 1-2 같은 반에서 함께 배우게 되었다.

할머니 대에 같은 학교, 같은 기숙사에서 졸업할 때까지 몇 년을 함께 있었으며, 아들 대에 같은 대학 동문, 손녀 대에 같은 반에, 이처럼 3대에 걸쳐 보통 인연이 아닌 듯하다. 게다가 취미생활도 같아서 지난봄 한국수필기행에서 전북수필가협회와 함께 행사에 참여하게 되니 더욱 반갑고 즐거웠다. 그때 두 영자가 다정하게 찍은 사진을 전주에서 동창 그룹 채팅 란에 띄웠더니 서울의 K동창이 '영자의 전성시대'라는 멋진 이름을 붙여 한바탕 활짝 웃었다.

-2021 봄

깊은 인연

전시회에 와서도 이 끈끈한 정을(2019. 11)

이 선생과의 인연은 참으로 깊기도 하다.

지금부터 40여 년 전 이 선생은 첫 발령을, 나는 임신 6개월에 이동 발령을 받았다.

'저 여선생님은 뚱뚱한 분'으로 생각했단다.

그 후 학생 수는 많고 교실 부족으로 반쪽 교실에서 이 선생은 5학년, 난 3학년 담임 맡아 점심 도시락도 함께 먹으며 늘 웃음꽃을 피웠다.

가을철 직원 여행 설악산 갈 땐, 양쪽 좌석별로 편을 갈라 대표로 이 선생은 허스키 저음으로 구성지게 가요를 부르고, 나는 팝송으로 흥겹게 'Sad Movie'를 불러 전 직원 분위기를 고조시키기도 하였다.

그 후 어느 날인가 일요일 당직 근무하는데 교감 선생님께서 뜻밖에 내 주변에 마땅한 규수 있으면, 동생 중매 부탁하신다. 아마도 이 선생을 의식하고 청을 하시는지. 난 조심스럽게 같은 교실 쓰는 이 선생을 소개했다.

그 후 선남선녀끼리 만나 좋은 인연이 되어 행복하게 살고 있으니 나 역시 덩달아 즐겁다. 우리는 늘 한마음 한뜻이다.

훗날 같은 서울이래도 손주에 얽매어 서로 바빠 자주 만나지 못하고, 전화를 자주 못 해도, 서로를 떠올리면 언제나 훈훈한 정이 흐른다.

금년엔 정초부터 "선생님은 팔순. 저는 칠순이에요. 우리 함께 식사 한번 해요."

"그래, 잠실서 만날까? 강남서 만날까? 응, 다음에 연락하자."

했는데 오늘 갑자기 사골곰탕과 축하 떡 케익을 사 들고 급히 전해주고 손자 데리러 달려간다. 아마도 함께 식사 시간도 맞추기 어려운 듯했다.

아무런 격의 없이 지내는 우리는 보통 인연이 아닌 듯하다.

-2021년 가을

밀레의 이삭줍기

이삭줍기(1985년 가을)

우리집 거실 벽면엔 대형 명화 한편이 수십 년 전부터 걸려 있다.

이 작품은 그림이 아니고 스킬자수로 놓여진 수예작품이다. 나의 작품도 아니다. 1980년대 우리 아이들 어렸을 때 대천에 살던 시절, 내가 직장에 나가니 시어머님께서 근 20 된 도우미 누나를 데리고 오셨다.

착하고 성실하여 나무랄 데 없는 아가씨였다. 그런데 단 한 가지 우리 부부 직장 나가고 세 아이들 등교하면 집안일 마치고 한가한 시간에 무료한지 자전거 타고 시내를 잘 돌아다닌다.

그리하여 궁리 끝에 수예점에 함께 가서 수예 용품 2개를 구입하였다.

우리 것은 대형으로, 그 누나 것은 반절 규격으로 완성하여 훗날 출가할 때 가져가도록 하였다.

마음씨같이 솜씨 있게 수예도 잘하여 40년 되도록 온 가족 소중히 생각하며 감상하고 있다. 나의 교직을 내놓고 서울로 이사하므로 작별한 뒤 어디서든 행복하게 살리라 믿어지며, 보고 싶다.

-2022년 3월 19일

제 3 부

문인화

고희기념 4人展 - 초등학교 그림벗

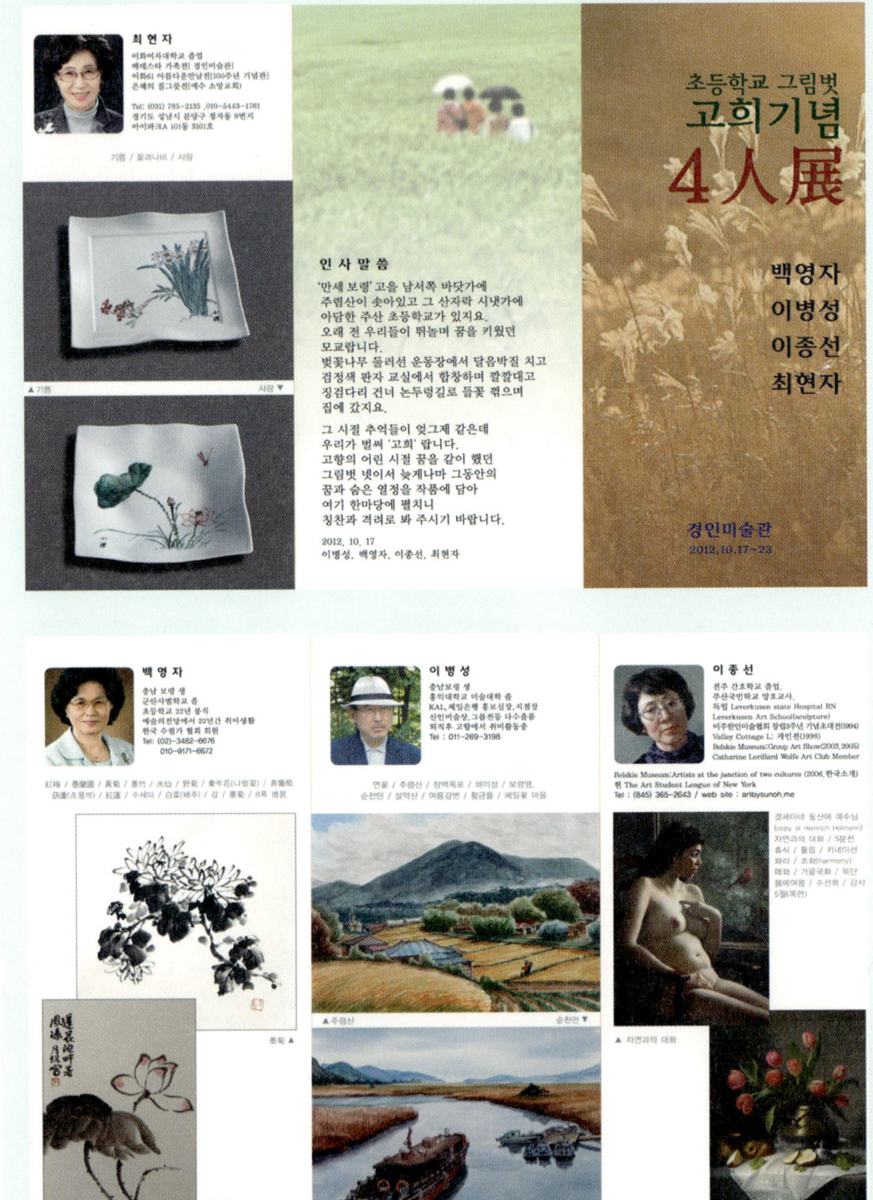

인사말씀

'만세 보령' 고을 남서쪽 바닷가에 주렴산이 솟아있고 그 산자락 시냇가에 아담한 주산 초등학교가 있지요.

오래전 우리들이 뛰놀며 꿈을 키웠던 모교랍니다.

벚꽃나무 둘러선 운동장에서 달음박질치고 검정색 판자 교실에서 합창하며 깔깔대고 징검다리 건너 논두렁길로 들꽃 꺾으며 집에 갔지요.

그 시절 추억들이 엊그제 같은데 우리가 벌써 '고희'랍니다.

고향의 어린 시절 꿈을 같이 했던 그림벗 넷이서 늦게나마 그 동안의 꿈과 숨은 열정을 작품에 담아 여기 한마당에 펼치니 칭찬과 격려로 봐 주시기 바랍니다.

2012. 10. 17 이병성, 백영자, 이종선, 최현자

묵란 (1997년)

홍매 (2004년)

수선화 (2002년)

홍련 I (2009년)

홍련 II (2009년)

견우화 (2005년)

청포도 (2005년)

호로 I (2007년)

소녀와 호로 I 앞에서 (2005년)

호로 II (2007년)

묵국 (200년)

황국 I (2000년)

황국 II (2012년)

야국 (2003년)

기국 (2004년)

사고(수세미) (2009)

백채 I (2010)

백채 II (2010)

홍시 (2004)

견우화_ 사랑의 교회 아카데미 문인화반

전시 관람 후 할머니와 가족 (1993년 여름)

저자 부부 (1993년 8월)

행초서 전시 관람…삼부자(1993년 8월)

월주의 문인화 병풍

春夜宴桃李園序 (李白의 명문)
춘 야 연 도 리 원 서
夫天地者 萬物地逆旅
부 천 지 자 만 물 지 역 여
光陰者百代之過客
광 음 자 백 대 지 과 객
而浮生若夢
이 부 생 약 몽
爲觀幾何
위 관 기 하

*이백李白의 명문 춘야연도리원서春夜宴桃李園序

대저 천지는 만물이 쉬어가는 나그네의 집이요. 세월은 영겁을 두고 흘러가는 길손이로다. 우리의 인생 덧없고 짧음이 꿈만 같으니 인간으로 태어나 즐거움을 누린다 한들 그 얼마이겠는가……

예술의전당 문인화반 지도교수

구자무(일사)

사군자1, 문인화1, 문인화3

1939년생
88년 10월부터 강의
개인전 2회
월전미술관 문인화특별초대전
(재)월전미술문화재단 이사
(재)일중미술문화재단 감사
(서울대학교 미술대학 강사역임

정도준(소헌)

예서1B, 행서1B, 한문2

1948년생
90년 9월부터 강의
건국대 명예철학박사
제1회 대한민국 미술대전 대상 수상
대한민국미술대전 심사 및 운영위원 역임
국내 개인전 4회
프랑스, 독일, 이태리, 벨기에, 미국 등 해외 초대전 12회
독일 국립 슈투트가르트 미술대학 객원교수

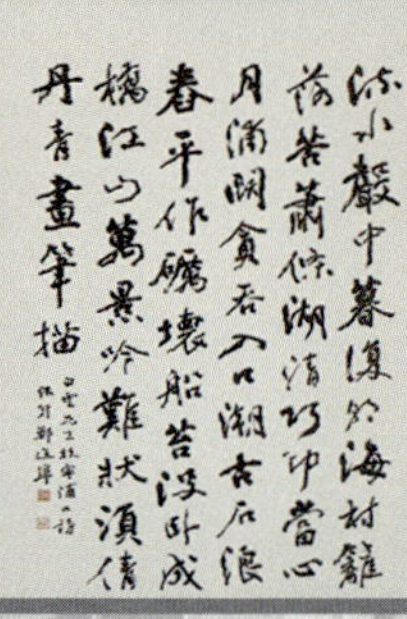

신두영(한별)

한글1B, 한글5B, 한글2야간

1944년생
88년 10월부터 강의
단국대 대학원 한문학과 수료
국전 서예부문 문공부장관상, 국무총리상 수상
국전 서예부문 심사위원 역임
대한민국미술대전 운영위원 역임
경희대학교 교육대학원 강사
한성대 예술대학원 강사

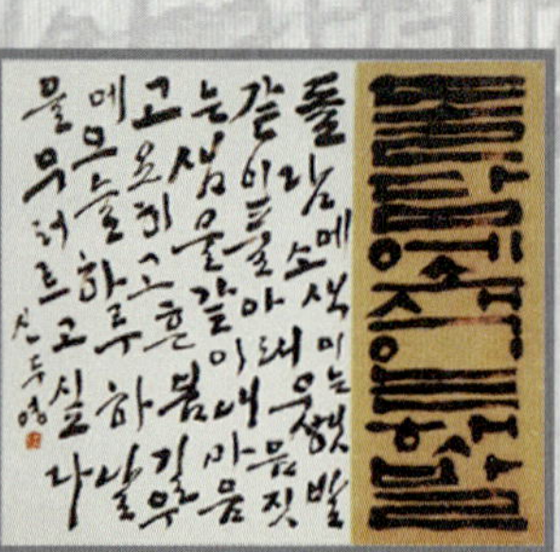

1. 월주 백영자 (예서체 수강.1994년 9월)
2. 문인화반 (1991, 1992년)
3. 행초 예서반 (1992년 여름 전시 후)
4. 한글반 (1995년 야유회 출발 전)
5. 문인화반 (2012년)

보령 남포벼루와 문방가구

보령석탄박물관 국립민속박물관 공동기획전

2012. 10. 17 ~ 11. 25 (국립민속박물관)

"수필가 백영자 선생은 주산면 신구리 출생으로 1995년 보령 성주사지 답사에서 이 벼루를 구입했다. 벼루의 문양에서 오는 상상력의 묘미와 문인화를 하기에 적절하여 늘 애용했다고 한다."

저자가 소장하는 문방사우-자택 사진

제 4 부

주옥같은 편지글

제자의 편지

석호의 편지

석호의 편지

백영자

사랑하는 은사님께!!!
세월은 흘러흘러 어느덧 50년이 지났습니다.
저희들은 만날 때마다 은사님 얘기를 빼놓지 않고 하였습니다.
그동안 건강하시고 평안히 지내셨는지요?
저희들이 3학년 첫 수업을 받던 날, 아름답고 젊으신 여자선생님이 저희들 담임선생님으로 오셨어요. 저는 너무 좋아서 어쩔 줄을 몰라 했

사랑하는 은사님께!

세월은 흘러 흘러 어느덧 50년이 지났습니다.

저희들은 만날 때마다 은사님 얘기를 빼놓지 않고 하였습니다.

그동안 건강하시고 평안히 지내셨는지요?

저희들이 3학년 첫 수업을 받던 날, 아름답고 젊으신 여자 선생님이 저희들 담임선생님으로 오셨어요. 저는 너무 좋아서 어쩔 줄을 몰라 했습니다. 아니 저뿐 아니라 우리 반 아이들이 다 그랬던 것 같아요. 그때는 일제고사라고 한 달에 한 번씩 보는 시험이 있었는

데 시험 볼 때마다 우리 반이 전교에서 1등을 해서 상 받았던 게 생각납니다. 열심히 지도해 주셨고 따뜻하게 대해주시니 모두가 좋아했습니다. 시험 본 후 점수가 잘 안 나오는 애들을 남게 해서 점수가 좋은 애들이 일대일로 가르치게 했던 일이 생각나고요. 일제고사 본 날 채점하게 몇 명을 남게 하신 후 채점이 끝나면 맛있는 분유를 주셔서 얻어먹었던 기억이 정말 좋았습니다.

은사님! 3학년을 마치고 은사님께서 전근을 가신다는 말씀에 아이들은 모두 울어버렸던 것 같아요. 선생님께서 전근을 가신 후 저는 매일 선생님 꿈을 꾸었습니다. 선생님께서 다시 관창국민학교로 돌아오시는 꿈을요. 영국이는 오늘 못 나왔지만 그때 자기 아버지가 천장 속에다가 돈을 보관하는 것을 안다며 차비를 가져올 테니 선생님이 계시는 주산을 한 번 방문하자고 제안하기도 했습니다. 어느덧 청년이 되어 군대 신체검사를 받던 날 대남초등학교에 계신 선생님을 뵌 것이 엊그제 같은데….

은사님! 우리는 은사님의 연세가 어떻게 되실까 상당히 궁금했었거든요. 그래서 여쭤봤더니 겨우 한 띠, 띠동갑이시더라고요.

은사님! 감사하고요.

네덜란드의 왕비님처럼 항상 우아하시고 예쁘시고 인자하시며 친한 누님같이 오래오래 건강하시길 바랍니다. 감사합니다.

10. 26 제자 이석호 드림

부자의 편지

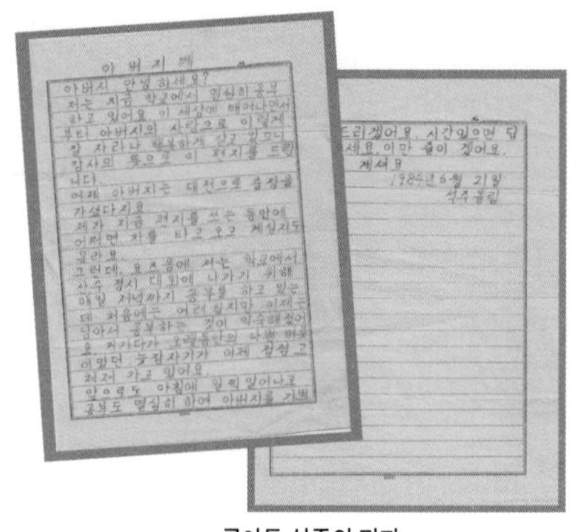

큰아들 석주의 편지
(1984년 6월 21일 초등학교 때)

아버지께, 아버지 안녕하세요?

저는 지금 학교에서 열심히 공부하고 있어요. 이 세상에 태어나면서부터 아버지의 사랑으로 이렇게 잘 자라나 행복하게 살고 있으니 감사의 뜻으로 이 편지를 드립니다.

어제 아버지는 대전으로 출장을 가셨다지요. 제가 지금 편지를 쓰는 동안에 어쩌면 차를 타고 오고 계실지도 몰라요.

그런데 요즈음에는 저는 학교에서 산수 경시대회에 나가기 위해서 매일 저녁까지 공부하고 있는데 처음에는 어려웠지만 이제는 남아서 공부하는 것이 익숙해졌어요. 거기다가 오랫동안의 나쁜 버릇이었던 늦잠 자기가 이제 점점 고쳐져 가고 있어요. 앞으로도 아침에 일찍 일어나고 공부도 열심히 하여 아버지를 기쁘게 해 드리겠어요. 시간 있으면 답장해 주세요. 이만 줄이겠어요.

안녕히 계셔요.

1984년 6월 21일 석주 올림

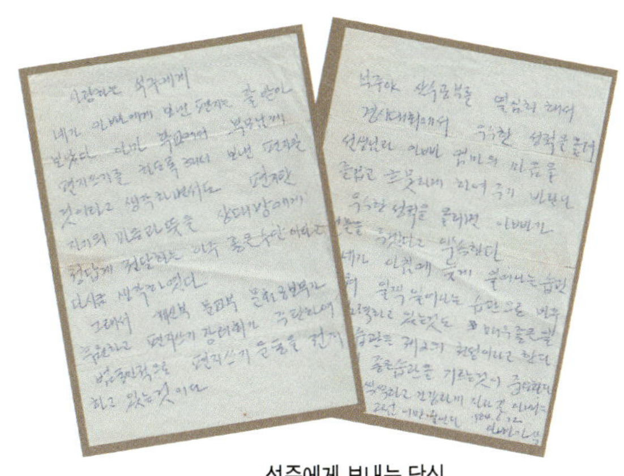

석주에게 보내는 답신

사랑하는 석주에게

네가 아빠에게 보낸 편지는 잘 받아보았다. 아마 학교에서 부모님께 편지 쓰기를 하도록 해서 보낸 편지일 것이라고 생각하면서도 편지란 자기의 마음과 뜻을 상대방에게 정답게 전달하는 아주 좋은 수단이라고 다시금 생각하였다. 그래서 체신부 문교부 문화공보부가 후원하고 편지 쓰기 장려회가 주관하여 범국민적으로 편지 쓰기 운동을 전개하고 있는 것이다. 석주야 산수 공부를 열심히 해서 경시대회에서 우수한 성적을 올려 선생님과 아빠 엄마의 마음을 즐겁게 흐뭇하게 하여 주기 바란다. 우수한 성적을 올리면 아빠가 선물을 주겠다고 약속한다.

네가 아침에 늦게 일어나는 습관을 고쳐 일찍 일어나는 습관으로 바꾸려고 노력하고 있는 것도 매우 좋은 일이다. 습관은 제2의 천성이라고 한다. 어릴 적부터 좋은 습관을 기르는 것이 중요하다.

공부 잘하고 씩씩하고 건강하게 자라길 아빠는 항상 원한단다. 그럼 이만 줄인다.

1984. 6. 22 아빠가 씀

장남의 편지

보고 싶은 동생들에게

석현아, 숙영아 잘 있었니? 아빠, 엄마께서도 안녕하시니? 누나도 잘 있고?

나는 지금 몸 건강히 잘 있어. 내가 지금까지 두 번 편지를 보내면서 아빠 엄마께만 쓰고 너희들에게는 보내지 않아서 미안해.

그런데도 너희들은 그때마다 꼭 편지를 보내 주어서 정말 고마워.

그래서 약 1주일 전 11일 날 엄마께서 오셨다 가신 후 곧 쓰려고 했는데 미루다 보니 늦어서 이번 주 토요일 날 가기 전에 너희들이 편지를 받게 하려고 오늘 서둘러 쓰고 있어.

석현이는 산수 경시대회 준비를 위해 열심히 공부하고 있다면서?

나는 그 말을 듣고 얼마나 기뻤는지 몰라. 같이 집에 있을 때 공부를 하려고 하면 가끔 우리 둘이서 장난을 쳤는데 이제 나는 장난치는 버릇이 거의 고쳐졌고 너까지 열심히 공부한다면 서울로 이사 와서 같이 있으면 공부가 더욱 잘 될 거야.

앞으로 산수 경시대회가 끝나더라도 계속해서 열심히 공부하도록 해.

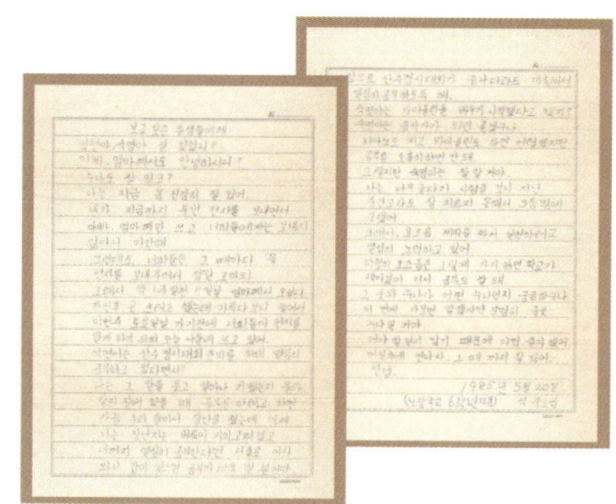

(보광국교 6학년 형 석주)

숙영이는 바이올린을 배우기 시작했다고 했지? 숙영이는 음악가가 되면 좋겠구나.

피아노도 치고 바이올린도 하면 어렵겠지만 공부를 소홀히 하면 안 돼. 그렇지만 숙영이는 잘할 거야.

나는 너무 놀다가 시험을 보니 지난 중간고사도 잘 치르지 못해서 3등 밖에 못 했어.

그래서, 요즈음 계획을 짜서 실천하려고 열심히 노력하고 있어.

다행히 요즈음은 그렇게 가기 싫던 학교가 재미있어져서 공부도 잘돼.

그곳의 누나가 어떤 누나인지 궁금하구나. 이번에 가보면 알겠지만, 분명히 좋은 누나일 거야.

해야 할 일이 많기 때문에 이만 줄이겠어. 며칠 후에 만나자. 그때까지 잘 있어. 안녕

1985년 5월 20일 형 석주 보냄

남편의 편지

해외(일본) 연수 중 '月珠' 號를 짓게 된 사연

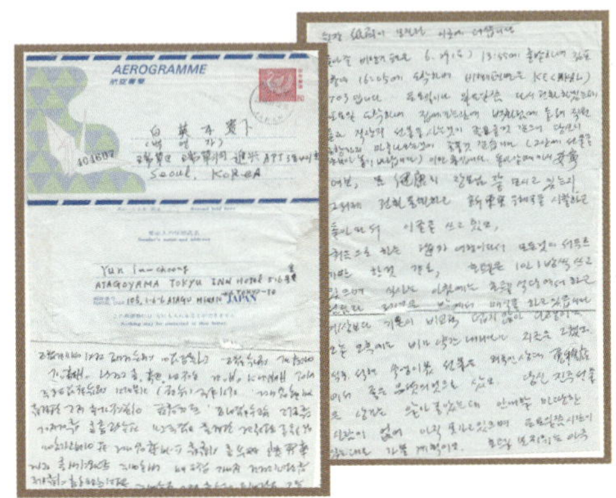

(郵政 연수 기간: 1991. 6. 17 ~ 6. 30. 2주간)

여보, 몸 건강히 장모님 잘 모시고 있는지.

그저께 전화 통화하고 신동경 우체국을 시찰하고 돌아와서 이 글을 쓰고 있소. 처음으로 하는 해외여행이라서 모든 것이 서투르기만 한 것 같소. 호텔은 1인 1방씩(부산청 정기표 업무 국장과 동행) 쓰고 있으며 식사는 아침에는 호텔 식당에서 하고 점심과 저녁은 밖에서 매식을 하고 있습니다.

예상보다 기온이 비교적 덥지 않아 다행이오.

오늘 오후에는 비가 약간 내리다가 지금은 그쳤소. 석주 석현 숙영이 몫 선물은 외국인 상대 면세점에서 좋은 품질의 것으로 샀소. 당신 진주 선물은 상가는 알아 놓았는데 안내할 마땅한 사람이 없어 아직 못 가고 있으며 토요일쯤 시간이 있는 대로 가볼 계획이오.

호텔 분위기는 아주 좋고 오전에는 연수를 받고 오후에는 현지 우체국을 시찰하는 일정에 따라 보내고 있으며 내주에는 동경 시내를 떠나 東北부 지방을 시찰할 스케줄입니다.

참 어제저녁에 임창순 원장과 전화를 했는데 진주 선물을 알아보아 달라고 부탁했어요.

토요일쯤 이곳 상가를 보고 전화할 계획입니다.

자기 호(落款)는 지금까지 생각한 것으로는 비인 月明山의 '月'과 주산 '珠簾山'의 '珠'를 따서'月珠'가 어떨까 생각했소. 더 좋은 것이 생각나면 다시 얘기하겠소. 돌아갈 비행기 편은 6.29(토) 13:55에 출발하여 김포 공항에 16:05에 도착하며 비행기 편명은

KE(KAL)703입니다. 토요일이나 일요일쯤 다시 전화하겠는데 토요일 도착하여 집에 가는 길에 백화점에 들러 직원들과 직장의 선물을 사는 것이 좋을 것 같으니 당신이 공항까지 마중 나오는 것이 좋을 것 같습니다(그 안에 선물을 잘 보아 놓기 바랍니다). 이만 줄입니다.

돌아갈 때까지 安寧

1991. 6. 20. 도쿄에서 항공엽서로 당신의 인중 서.

아버지의 격려

대학 졸업을 축하한다

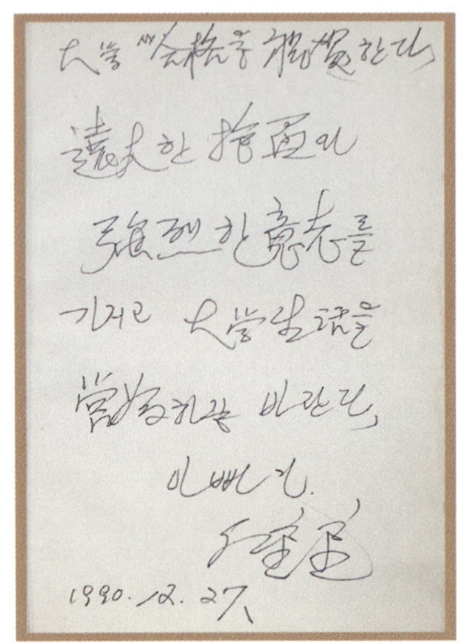

大學 合格을 祝賀한다

遠大한 抱負와

强烈한 意志를

가지고 大學生活을

営爲하길 바란다,

아빠가.

[illegible]

1990. 12. 27.

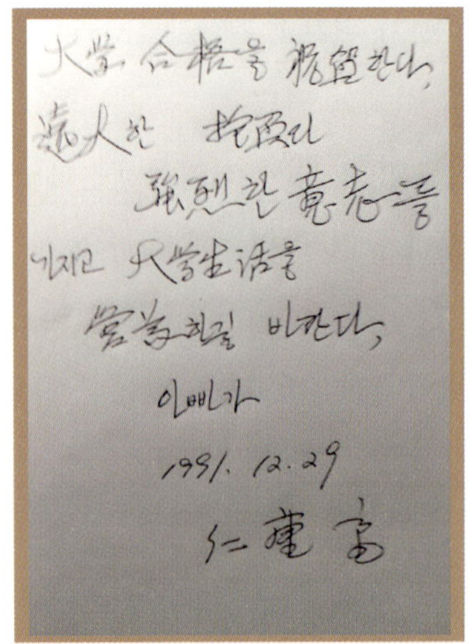

大學 合格을 祝賀한다,

遠大한 抱負와

强烈한 意志를

가지고 大學生活을

営爲하길 바란다,

아빠가

1991. 12. 29

[illegible]

두 아들 대학입학 때 책 선물과 메시지

어버이날에 삼 남매의 엽서

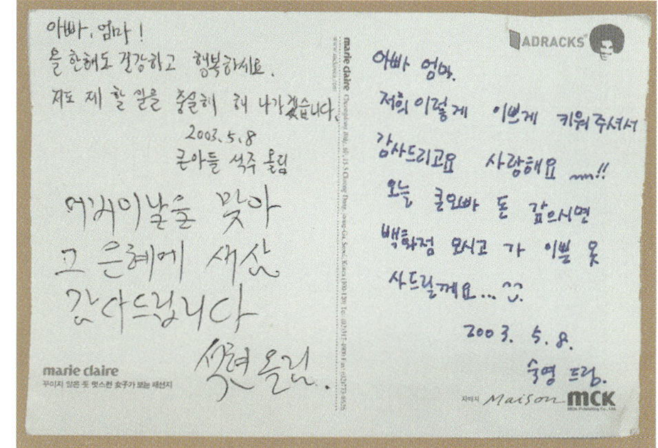
아빠, 엄마!
올 한해도 건강하고 행복하세요.
저도 제 할 일을 충실히 해 나가겠습니다.
2003. 5. 8
큰아들 석주 올림

어버이날을 맞아
그 은혜에 새삼
감사드립니다
석현 올림.

아빠 엄마.
저희 이렇게 이쁘게 키워주셔서
감사드리고요 사랑해요 ~~!!
오늘 큰오빠 돈 갚으시면
백화점 모시고 가 이쁜 옷
사드릴께요... ^^
2003. 5. 8.
숙영 드림.

아빠 엄마!

올 한 해도 건강하고 행복하세요.

저도 제 할 일을 충실히 해나가겠습니다.

2003. 5. 8　큰아들 석주 올림

어버이날을 맞아

그 은혜에 새삼 감사드립니다.

2003. 5. 8　작은아들 석현 올림

아빠 엄마.

저희 이렇게 이쁘게 키워 주셔서 감사드리고요.

사랑해요.!! 오늘 큰 오빠 돈 갚으시면

백화점 모시고 가 이쁜 옷 사드릴게요….^^

2003. 5. 8　딸 숙영 드림

엄마의 55번째 생일 축하

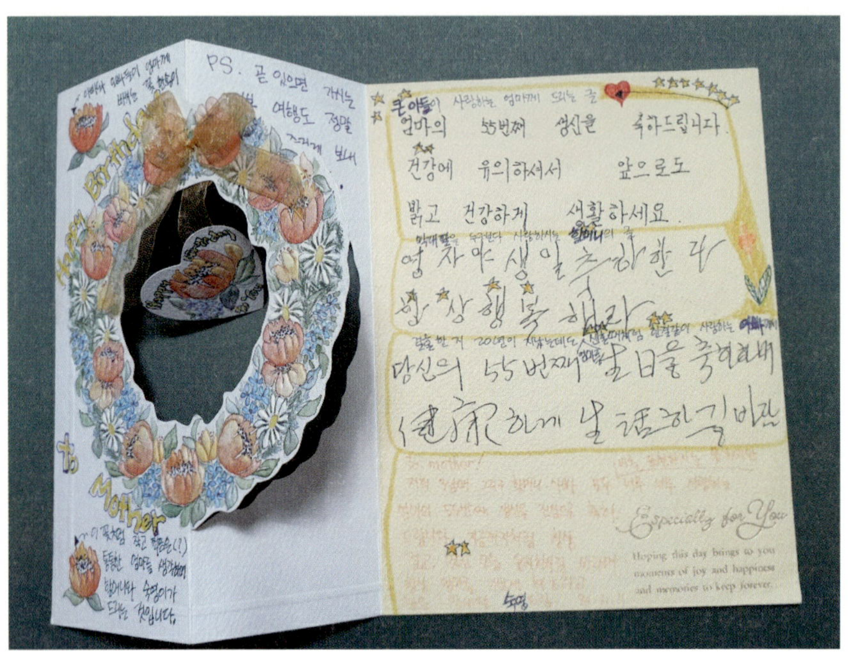

〈큰아들〉

엄마의 55번째 생신을 축하드립니다.

건강에 유의하셔서 앞으로도 밝고 건강하게 생활하세요.

큰아들 석주 드림 1996. 11. 11

〈어머니〉

영자야 생일 축하한다. 항상 행복해라.

(막내딸을 누구보다 사랑하시는 할머니의 글)

〈남편〉

당신의 55번째 생일을 축하하며 건강하게 생활하길 바람

(결혼한 지 20년이 지났는데도 엄마를 신혼 때처럼 한결같이 사랑하는 아빠께서)

〈딸〉

To mother

저희 3남매 그리고 할머니, 아빠 모두 비록 표현하지는 못하지만

너무너무 사랑해요. 엄마의 55번째 생신을 진심으로 축하드립니다.

지금까지처럼 항상 젊고 멋진 모습 유지하시길 바라며…

항상 엄마를 기쁘게 해 드리고 싶은 막내딸

숙영 드림 1996. 11. 11

PS. 곧 있으면 가시는 일본 여행도 정말 즐겁게 보내시길.

어머님 전상서

둘째 아들이 고시원에서

엄마, 생신을 진심으로 축하드립니다. 혹시 1주일 후의 발표에서 합격 소식을 전한다면 더없이 좋은 생신 선물이 될 텐데! 글쎄요, 모르겠네요.

하지만 불합격이라도 상관없습니다. 고시원 독방에서의 지난 1년간은 저에게 한 인간에게 있어 사랑이 얼마나 중요한 것이며 사랑으로 맺어진 인간관계가 얼마나 소중한 것인가를 깨닫게 해 준 시간이었습니다.

그것은 시험합격보다 몇 배 더 값진 것이라고 생각합니다.

오랫동안 그것을 깨닫지 못했던 저를 변함없는 사랑으로 대하시는 엄마를 뵐 때면 문득문득 송구스러울 때가 있습니다. 그저 앞으로 바르게 행동해야겠다는 생각뿐입니다.

이제 엄마도 55세가 되셨습니다. 그것은 적지 않은 나이입니다. 하지만 55세가 흔히 말하는 것처럼 꼭 인생을 정리하고 돌이켜 봐야 할 나이라고 생각지는 않습니다.

"50세는 늙은 것이 아니다. 75세는 늙은 것이다."라고 한 ROY 선생

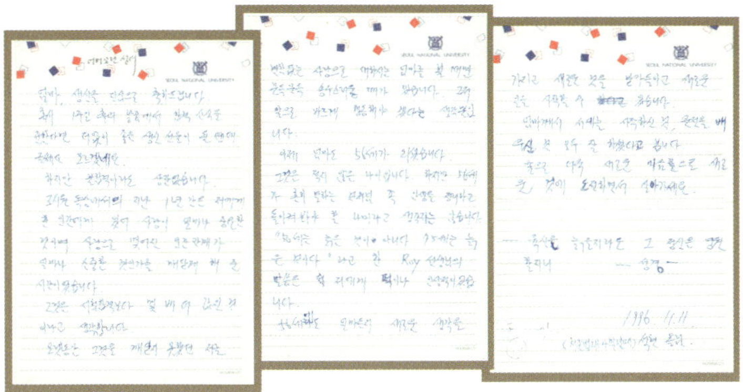

님의 말씀은 저에게 퍽이나 인상적이었습니다. 55세에도 얼마든지 새로운 생각을 가지고 새로운 것을 받아들이고 새로운 일을 시작할 수 있습니다.

엄마께서 서예를 시작하신 것, 운전을 배우신 것 모두 잘하셨다고 봅니다.

앞으로 더욱 새로운 마음으로 새로운 것에 도전하면서 살아가세요.

*육신은 늙을지라도 그 정신은 영원할지니… -성경-

1996. 11. 11 석현 올림

어머님, 서체입니다

며느리 민정이, 책의 서체에 관해 편지를 쓰다

저희가 영어책 회사라 한글 서체가 별로 없어요.

도움이 되실는지 모르겠지만….

일단 보내 드립니다.

흔한 서체들이니 작업하신 쪽에서 찾아서 하실 수 있을 것 같고요.

표지는 처음 게 괜찮은 거 같더라고요.

그리고 본문 소제목 서체는 제목 글씨 중에서 좋은 거로 하셔도 될 것 같고 본문이 명조서체이니 고딕서체로 해도 될 것 같아 일단 보내 드립니다.

이렇게 책 내기가 쉽지 않은데…. 너무 고생 많으셨어요.

멋진 책 퍽 기대되네요.^^

2012. 5. 18 며느리 민정 드림

유리하다고 교만하지 말고…

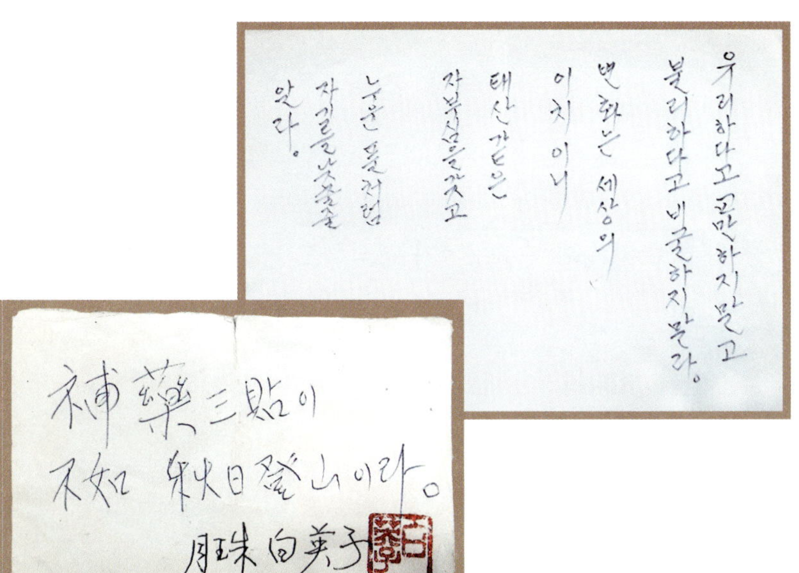
유리하다고 교만하지 말고
불리하다고 비굴하지 말라.
변화는 세상의
이치이니
태산같은
자부심을 갖고
누운 풀처럼
자기를 낮출 줄
알라.

補藥三貼이
不如 秋日登山이라。
月珠 白英子

보약 삼 첩

—젊은날의 한때—
서울 중앙우체국 근무당시
마지막 여름휴가。
울릉도에서。
남편과 함께
케이블카에서。
2000. 8. 16

젊은 날의 한때

우리 가족의 품성과 가훈

[가훈]

성실 진취 우애

큰 아 들	尹錫珠(윤석주)	두뇌가 명석하고 판단이 올곧다.
큰며느리	金旼姘(김민정)	정숙하고 책임감이 강하다.
작은아들	尹錫鉉(윤석현)	인성이 넉넉하고 여유가 있다.
사 위	李晟在(이성재)	자립심이 강하고 철저하다.
딸	尹肅瑛(윤숙영)	당돌하고 적극적이며 진취적이다.

손 녀	尹那榮(윤나영)	재치가 있고 단아하다.
손 자	尹汝準(윤여준)	장군처럼 잘생기고 생각이 깊다.
외 손 자	李旼俊(이민준) (Aiden)	남성미와 적극성이 있다.

부	尹仁重(윤인중)	강인한 성격에 생활력이 강하고 가문의 영예를 존중한다.
모	白英子(백영자)	친화력과 현숙하고 효성이 지극하며 취미가 다양하다.

(2021. 12. 22 부모 작성)

가족 사진_ 작은아들 졸업식 날(1998년 가을)

가족 사진_ 부모님 고희연 때(2011년 봄)

제5부
추억속의 사진

미국 여행기(언니, 남편, 작은아들)

빨간색 모자를 멋지게 쓰고 딸의 자전거 타는 모습

2019년 12월 26일(미국행 출발)

지난봄 워싱턴DC에 살던 딸이 포토맥강 건너 버지니아로 이사를 하였다. 얼마 후 아름다운 호숫가에서 빨간색 모자를 멋지게 쓰고 딸의 자전거 타는 모습의 사진이 왔다. 사진만 보아도 반가운데, 아내에게 자전거를 배우라며 견고한 세발자전거를 사줬다는 사위에 대한 고마움과 다정한 부부 모습을 들여다보는 듯하여 기뻤다.

그런데 호사다마라고 그 후 자전거 타다 넘어져 삔 다리 깁스를 하고 병원 치료를 받아도 쉽게 낫지 않아, 운전할 때나 실내 2층을 오르내릴 때 불편하다고 한다.

젊은 나이에 이대로 방치하여 고질 되면 어쩌나 하는 걱정이 앞섰다. 한약 한 재 지어 가지고 뛰어가고팠다.

그러나 작은아들과 크리스마스 특송 하기로 되어 있는 '모자쏭'은 마치고 가야겠기에 크리스마스 행사 다음 날 12월 26일로 출국 날짜를 잡았다.

남편은 가지 말라고 말리며 그 여비를 보내주어 사람 사서 쓰게 하라지만 어미 마음은 그게 아니었다. 직접 보고 설거지라도 도와주고 싶었다.

"나 죽은 셈 치라며, 그래도 난 살아서 돌아올 사람이 아니냐?"

고 하니 이해가 되는지 항공권과 대한항공 한가족 서비스 신청해 주어 덜레스공항에 도착하자마자 짐을 찾아서 끌고 편안히 안내받아 출구 직전까지 마중 나온 사위와 외손주에게 인계되었다.

'참 편리한 세상이구나!'

한국서 출발 전엔 혼자는 긴 여행이 처음이라서 남편도 나도 걱정했는데 '대한항공 70세 이상 한가족 서비스' 신청하니 언어도, 짐 찾는 것도, 짐이 무거워도 아무 걱정 없이 만사 해결이었다.

나이 들면 외국에 있는 자식네 집에 가고 싶어도 갈 수 없다는 말에 서글펐는데 귀국하면 이 방법을 알려주어야겠다는 생각도 들었다.

워싱턴DC 관광(2019년 12월 27일~30일)

도착 다음 날부터 워싱턴DC에 있는 미국인 회사에 근무하는 사위가 마침 연말 휴가 기간 동안 시내 관광을 두루 시키며 설명을 해주었다.

워싱턴DC 복판에 촛대처럼 높이 서 있는 워싱턴 기념탑을 중심으로 백악관, 국회의사당, 메모리얼파크에 있는 한국전쟁기념관과 식물원, 아메리칸미술관 등 친절히 안내를 받았다. 특히 한국전쟁 기념관에서 우리나라를 돕기 위해 수많은 타국 젊은이들이 희생된 사실을 보고 새삼 감사함과 숙연함이 들었다.

그리고 딸이 MBA 했던 캐도릭대학원과 박사과정을 수료한 죠오지워싱턴 대학교의 캠퍼스 내외를 두루 둘러보았다.

백악관, 메머리얼파크(한국전쟁기념관)

두 사람의 노력(2003년 7월 11일 결혼 직후 출국하여 신혼살림 2006년 12월 7일 출산 후 육아)

딸이 28세에 결혼 후 즉시 출국하여 10여 년간 살림과 육아하다가 제 아들 초등 입학시키면서 40대 주부로서 중단했던 학업을 다시 시작하였다.

밤새 레포트를 작성해야 이튿날 서양사람들 틈에서 토론회에 따라갈 수 있다는 말을 하며 피나는 노력을 하면서도 즐겁다니 다행이었다.

주부로서 엄마로서 딸의 노력과 아내의 학구열을 이해하고 물심양면으로 직장 생활하며, 외조를 잘해준 사위의 노고에 새삼 감사한다.

역사박물관 BIBLECHURCH HISTORY 아메리칸WDC미술관 관람

1월 중순: 2박 3일 버지니아 비치 여행

턱 트인 대서양이 보이는 사위의 배려로 좋은 위치의 호텔을 예약하여 편안히 관광하였다.

딸네 세 식구와 저희가 신혼 초에 첫 살림을 차렸던 버지니아 비치에 가서 신혼 시절의 집, 처음에 다니던 버지니아 교회도 들러 주일 예배를 함께 보며 많은 교인들의 환영을 받았다. 나 역시 해산관하러 와서 2개월간 묵어있던 곳이었다.

버지니아 비치에 있는 맥아더 기념관을 둘러본 후 전부터 친히 지내던 두 가정에서 초대되어 융숭한 음식 대접도 받았다.

선교사님 댁에서는 손수 만든 인절미를 싸 주었으며 신혼 초부터 엄마처럼 보살펴 주시던 딸의 이모 친구분 댁에서는 소보루 케익을 한 세트 구워 싸 주시었다.

이역만리 타국에서 만난 한인들끼리의 정분인지 참 아름다운 모습이었다.

2월 중순: 2박 3일 뉴욕 여행

외사촌 오빠 내외분을 찾아뵙고 연세 드신 어른이기에 우리가 편안하게 식당에서 대접하려 했으나 손수 정성껏 준비해 주신 음식 대접을 받았다.

지하실에 설치된 사면 벽에 꽉 찬 LP판과 각종 고가의 앰프 시설을 구경한 뒤 아름다운 음악 감상 후 이웃에 사는 나의 친구네 가서 이

틀을 묵었다. 그 친구(이종선)는 10년 전 한국에 와서 인사동에서 함께 고희전을 하였던 초등학교 동창이다. 이튿날 일요일엔 친구 가족과 함께 뉴욕 온누리교회에 가서 주일 예배를 함께 본 후 다음날 호텔에 있던 딸 가족과 함께 맨해튼을 거쳐 딸네 집으로 돌아왔다.

MBC(맥크린 바이블 쳐치)

-이색적인 광경-13,000명 되는 워싱턴DC에 있는 대형교회의 담임 목사라는 분이 청바지에 티셔츠 차림의 복장이 이채로웠고 젊은 청년이었다.

미국에 머무는 2개월간 일요예배에 하루도 빠짐없이 참여하였다.

1. 주로 MBC교회(딸, 사위, 민준과 함께)

2. 버지니아 비치 교회

3. 애쉬번 온누리교회(조미자 권사님 내외분과 예인)

4. 뉴욕 온누리교회(종선 친구 내외와)

MBC교회에서 운영하는 주 1회씩 원어민 회화 1개월간 수강)

2월 28일 아침 일찍 미국 출발

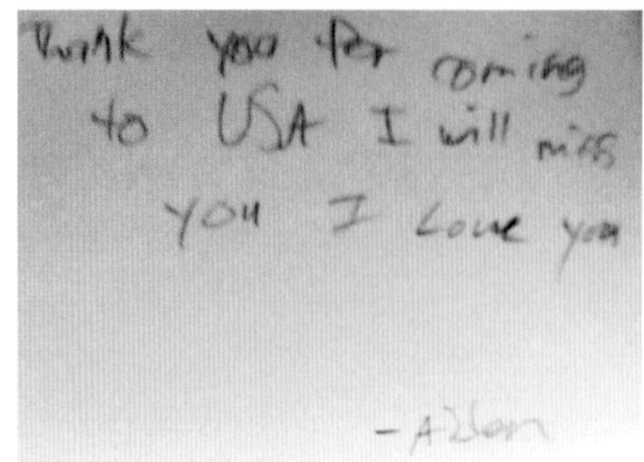
Thank you for coming
to USA I will miss
you I Love you

-Adam

외손자의 석별편지

딸, 사위의 주선으로 덜레스공항에 나와 대한항공 휠체어 서비스로 편안히 탑승하였다. 14시간 비행하는 동안 외손주의 석별 인사 편지를 수없이 읽으며 지루한 줄 모르게 인천국제공항에 도착하였다. 물론 전날 주고받은 나의 편지와 딸, 사위 글도 있었지만, 유난히 손주의 글에 애정이 가는 것은 내 분신처럼 여겨져서일 것이라 생각된다.

2020년 2월 29일 한국 도착

공항에 마중 나온 남편과 오는 길에 어느 분이 '코로나 피해서 미국으로 떠나는데 거꾸로 왜 들어오느냐'는 말도 들었지만 얼마 안 가서 미국도 기승을 부린다니 머뭇거렸으면 오도 가지도 못할 뻔하였다. 언제나 코로나19가 끝날는지!

2020. 2월 말

중국 만리장성과 북경 여행(큰아들과 함께)

일본 유람선 여행, 민금선 친구와 : 오사카 벳부 동경여행(1992년 겨울 1주간)
(조선일보와 신한 재단에서 전국교사 120명 초청 여행시킬 때 일반인 60명 모집에 동참하였음)

큰아들 석주 대학 졸업 직후 중국의 북경에서(모자 중국 여행, 1996. 겨울 4박 5일)

미국 · 캐나다 여행기(언니, 남편, 작은아들)

1-2 미국 LA 공항에서 사위 선 볼때- 미 서부 남편과 LA, 요새미테, 캘리포니아, 그랜드캐니언, 라스베이거스(2002년 가을)

1-2 캐나다 천섬- 언니와 남편, 캐나다와 미 동부여행: 천섬, 퀘벡, 나이아가라 폭포, 보스턴, 뉴욕, 맨해튼

버지니아 비치에서 남편과 숙영 언니와 대서양을 등지고

2006년 5월- 캐나다 천섬에서 언니와 남편
2006년 5월- 남편과 언니와 미 동부: 보스턴
(예일대, 하버드대, MIT공대 등)
뉴욕, 뉴저지, 맨하탄, 애쉬번, 버지니아 비치

맥아더 기념관 · 크라이슬러 미술관 · 버지니아 대학 내 윌리엄스버그 (언니와 남편 함께)

버지니아비치의 크라이슬러 미술관 백남준 작품을 보며(2006년 6월) 언니와 우리 부부

버지니아 대학 내 윌리엄스버그 작은아들과 윌리엄스버그(2007.2)

서유럽(작은아들과 함께)

남편과 정통 서유럽 : 독일, 영국, 스위스,
프랑스, 이탈리아(2009년 여름)

작은아들 석현과 유럽종교개혁 500주년 기념 여행
유럽 종교 개혁지 탐방 5개국(독일, 체코, 오스트리아, 스위스, 프랑스, 독일)

2017년 6월 20일(화) 인천 9:30~12:30 출발
1일 독일(프랑크푸르트) 루터가 독일어 성경을 번역
2일 독일 (비텐베르크)
3일 독일, 체코(비텐베르크, 프라하)
4일 체코(프라하)
5일 6. 24 토 6일 오스트리아(잘츠부르크)
7일 스위스, 프랑스(취리히 스트라스부르그)
8일 프랑스, 독일(스트라스부르그, 하이텍베르크, 프랑크푸르트)
9일 한국, 인천 12:20 도착

스위스 알프스의 영봉 몽블랑에 올라 둘째 아들 석현과
(2017년 여름)

워싱턴DC 관광

1 미국 도착(워싱턴DC 덜레스공항 도착, 2019년 12월 27일 도착)
마중 나온 사위와 외손자와 만날 때까지 안내(개찰구까지 -70세 이상 대한항공 서비스)

2-4 사위와 워싱턴DC 관광(사위 연말 휴가 동안)
(2019년 12월 28~30)
백악관, 국회의사당, 메모리얼파크(한국참전 전쟁기념관),
바이블기념관, 식물원, 워싱턴미술관, MBC(맥크린바이블쳐치)
딸 숙영 다닌 학교: 캐도릭대학원과 조지워싱턴대학

워싱턴DC·역사박물관 관람(2019년 12)

1 워싱턴DC·역사박물관 관람(2019년 12)

2 워싱턴미술관 관람, 1800년대 유럽작품 3 서울 도림천 변에서 - 주제 신문 보는 아버지-신문 보는 작은아들 모습이 떠올라 웃음 지움.

1-2 워싱턴DC.BIBBLE CHURCH HISTORY(20.1) 종교 서적
감람나무는 이스라엘에서 교회 짓는 데 쓰인다고 함
3 MBC 교인들과 함께 관람(MBC(맥크린바이블쳐치): 성도 수가
13,000명 세계적 규모

국내 여행

1

2

1 외삼촌 댁 가족과 우리 가족이 함께 충남 무량사 여행(1980. 여름)
2 큰아들과 만리포에서 (91년 여름)
3 대천 해수욕장의 형제(1983년)
4 숙영이도 튜브를

3

4

북한산의 형제들, 88년 여름(큰 시누님 주선으로)

뉴저지에서 온 외사촌 오빠. 소양호 관광(우리 삼 남매, 1990년 여름)

1 석주, 석현 두 아들과 남해대교 앞에서(1992) 2 진주국 박명근 지부장님 부부와 진해 벚꽃 구경(1992.4)
3 진주국 근무 시 남해대교 입구에서 남편과 함께(1993.1) 4 진주 우체국장 시절. 함양 농월정 옆(1993.5)
5 충남 안면도 남편과(1993.8)

국내 여행

1, 2, 3, 4 제주도에서(93. 8)

1 지리산 천왕봉에 올라(1993.10) 2 강화도에서(1990. 여름)

1 경남 부령 계곡의 자매(1995년 여름)
2 음력 4월 초파일, 법주사에서(1999)

1 큰아들 가족과 함께 대천 해수욕장

2 첫 손녀 나영이를 안고, 경기도 남한산성(2007년 봄)

3 민준과 나영, 안면도에서(2009년 가을)

성묘

1 포항, 삼 부자의 참배-파평윤씨, 윤신달 시조묘소 참배(1992 여름)
2 고향 선산에 성묘(증조할아버지 모시고)
3 아빠, 오늘이 설날이예요?(나영, 출생 후 6개월)
4 엄마, 천정에 뭐가 매달렸네요
5 충남 서천군 비인면 선산에서, 성묘(2007년 가을)
잔디가 좋아요. 내려주세요

설차례

할아버지, 석주, 석윤, 석현, 아버지-설 차례 (2021년 음 1월 1일)

추석 차례를(2009년 추석날)
아빠, 삼촌 따라서, 우리도 절 해요

삼 남매 어린 시절

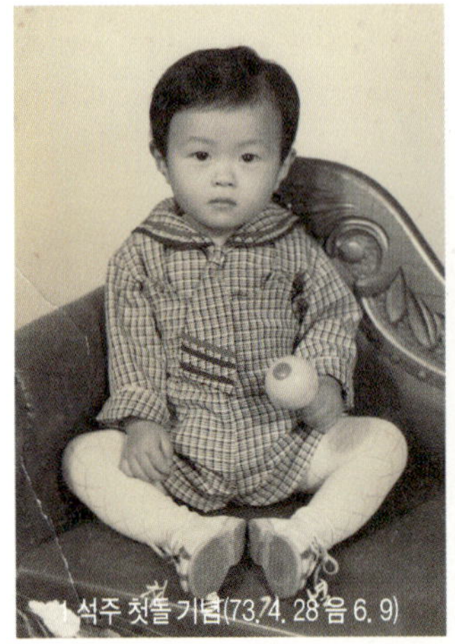
1 석주 첫돌 기념(73. 4. 28 음 6. 9)

2 석현, 백일

3

4

5

6

7

3 할아버지 댁에서 간장통 메고 총이라고 하며 군인놀이(석현 5세, 1978년)
4 석현 돌날, 형과 함께
5 석주, 석현. 대남초교 정원에서(1974년 4월) 이 사진을 보고 고모가 말하길 사랑하는 "내 조카들아! 어쩌면 이렇게 귀여울 수가 있단 말이냐!"
6 석현 생일 케익 파티(3,5,7세) (1979년 1월 23일)
7 큰오빠는 어디 갔어?(3, 5세) 성당 앞에서의 남매(1979년 봄) 두 오빠가 입고 물려 준 세라복을 입은 숙영

대천 시절(삼 남매, 가족 소풍) 석주·석현·숙영

석현, 외할머니와 대천유치원 소풍, 대천해수욕장
(1980년 봄, 친구들과)

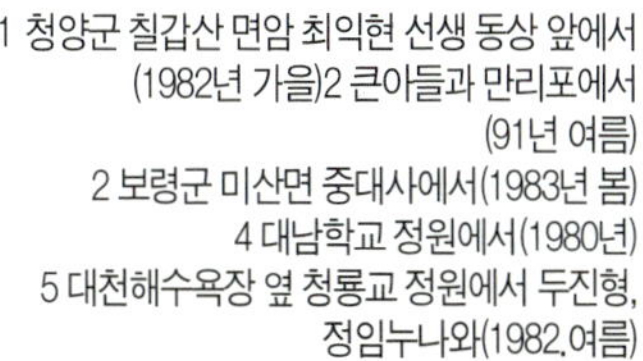

1 청양군 칠갑산 면암 최익현 선생 동상 앞에서
(1982년 가을)2 큰아들과 만리포에서
(91년 여름)
2 보령군 미산면 중대사에서(1983년 봄)
4 대남학교 정원에서(1980년)
5 대천해수욕장 옆 청룡교 정원에서 두진형,
정임누나와(1982.여름)

1 딸 숙영과 아빠, 대천해수욕장에서(1979년) 2 대천 신설동 마당에서 눈사람 만드는 삼 남매(1980년 겨울)
3 빠들 봄 소풍, 막내 고모와(1983년 봄) 4 숙영 유치원, 오빠들 가을소풍(1983년 가을)
5 석현, 대천초교 6년 주포야영장에서 선서식(1980년 봄) 6 대남국교에서 운동 형 친구들도 함께(1979. 1. 23)
7 석현 생일파티 후, 엄마가 직장 나가니 방학 중 생일에 형과 동생 친구들도 함께
8 대천초등학교 운동회 2, 3학년, 숙영 대천유치원 찬조 출연 후

석현 이수중학교 · 상문고 졸업식(1992년 봄)

이수중학교 졸업식

1 석현과 부모님, 이수중 졸업식(1989년)
2 석현 친구들과. 배준범, 이상준, 전영식, 김준환, 김필준, 권재욱, 김정환, 윤석현, 이규철, 이규만(10명)
3 이수회 자모님들(10분)

상문고 졸업식

1 석현 상문고 졸업식 날, 부모님과 형
2 석현 상문고 졸업식, 형과 아버지
3 석현, 상문고 경주 졸업 여행(1991년 가을)

삼 남매 대학 졸업식

서울대 법학관 앞의 삼 남매

윤석주 고대 91학번, 경영학과 졸
(1996년)

윤석현 서울대 92학번, 사법학과 졸
(1998년)

윤숙영 이대 94학번, 경영학과 졸
(1998년)

석주 고대 졸업식 날 딸 숙영과 우리부부
안암동고대 교정에서(96. 2. 24)

석주, 고대 동기. 친구 박석문(1996년)

석현, 서울법대 동기. 친구 이상현

우리 가족(서울대 법학관 앞 1998)

석현, 서울법대 졸업식
이모와 어머니, 법학관 앞에서

정겨운 삼 남매

딸 결혼 후 출국 전날, 예술의전당 삼 남매(2003. 7월)

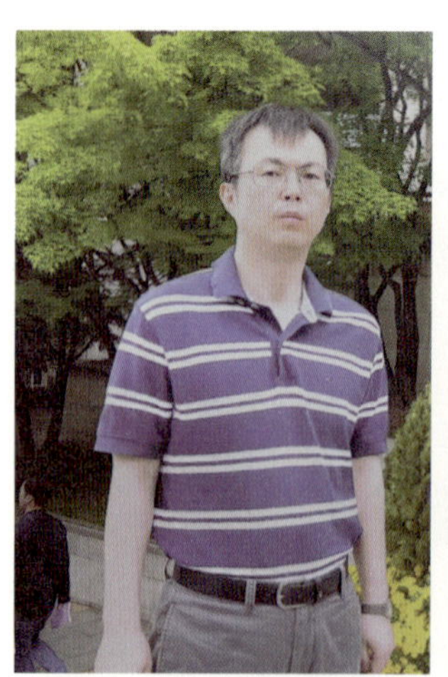

예술의전당 큰아들(2020년 여름)

도림천 변에서 작은아들(2015년 여름)

버지니아 집에서 딸(2005년 봄)

저자의 어머니, 할머니, 저자 남매 기록

설날 아침, 저자의 할머니와 어머니 모시고 (1960년, 음1.1 설날) 할머니, 어머니 모시고(1960년) 우리 남매 고향 뜰에서 충남 보령군 주산면 신구리 576번지)

어머니와 함께, 우리 부부와 석현, 재연, 숙영. 외할머니(저자의 어머니) 회갑날(서울 댁에서, 1979년 음 7. 15)

외할머니 자손들 모두(큰사위는 당뇨로 입원하심)

막내딸 가족

외손주 삼 남매(삼원가든 폭포수 앞에서)

언니(백영숙) 산수연(2019년 음 1. 17)

1 우리 삼 남매 부부(20019년 음 1. 17)
2 나의 큰아들 가족(2019년 음 1. 17)
3 언니 작은며느리와 막내 손자 상혁 서이초등 입학식(2008년 3월)
4 축하드립니다.
5 언니 작은아들과 저자 딸 숙영(방일초등 5학년) 피아노 최우수상 받던 날 어린이대공원에서(1986년)

나의 회갑날, 대려도에서(2002. 음 10. 1)

1 저자의 결혼식
2-4 대학 갓 입학한 큰아들과 우리 부부, 안면도와 만리포
5 언니, 오빠의 손주들이 축하송 부르려고
석주, 석현, 숙영과 언니 오빠와 그의 자손들 참석

할아버지(남편), 할머니(저자) 생신

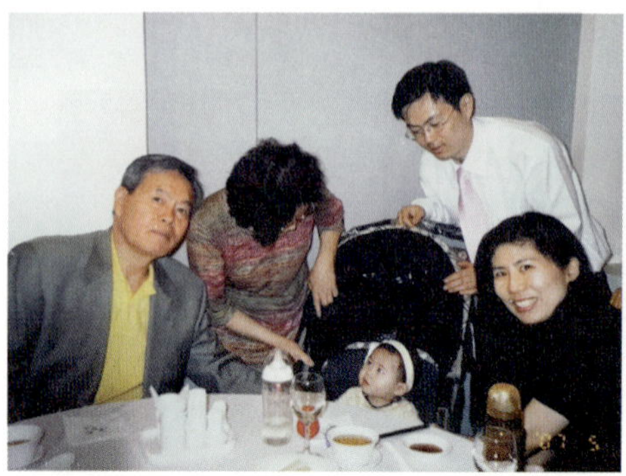

할아버지 생신, 우리 아빠가 서초 사리원에서 사드린대요.(2009. 음3. 19)

할머니 생신, 큰아들 집에서, 미국서 온(2009. 11. 8) 딸과 생일상을

부모님(저자) 고희연(부 42년 음력 3. 23, 모 42년 음력 10. 1)

1 큰아들 가족과 딸의 가족, 부모님 모시고, 삼정호텔에서(2011년 4월 23일)
3 손자 여준을 안은 할머니
4 딸의 피아노 축하연주 '봄의 소리 왈츠' 엄마 옆에 민준이. 할머니 앞에 나영이 누나도 보이네요.
5 둘째 동서와 지숙, 언니와 사촌 부부 6 시동기간들과 사위와 큰아들
7 큰며느리와 손녀 나영, 손자 여준

3

4

2 큰아들의 인사말

5

7

6

큰아들 석주 결혼식

큰아들 석주 결혼식, 노보텔에서 (2005. 10. 26)

나영이가 책 딛고 전화기 잡았어요.

괌에서 나영과 여준 남매(4, 8세)

나영, 여준 가족 서초구청
나들이 가서(2010년 여름)

손녀 나영 돌잔치

1 이모할머니가 주신 돌복은 못 입고 여자 돌복 또 사 주셨어요.
4 진짜 생일날, 할아버지가 케익을
5 할머니가 빡빡머리를, 더예뻐진대요.

할머니의 귀국(2007년 2월)

1 자꾸자꾸 미끄러졌는데, 엄마가 가래요.
드디어 성공! 우리 할머니 미국 고모네서 오셨어요. 민준이도 낳았대요.(2008년 가을) 가족이 공항으로 마중 나옴

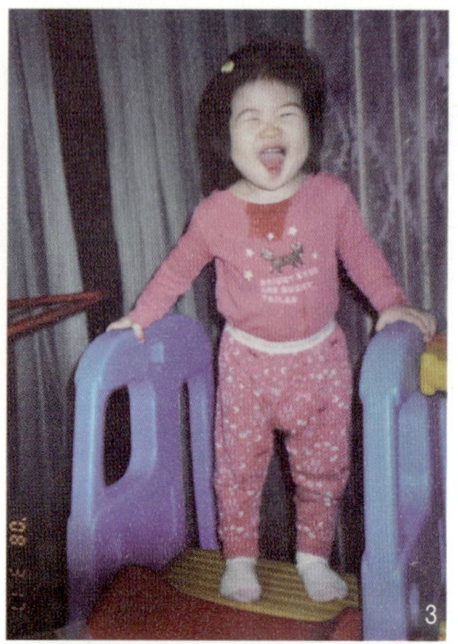

2 이모할머니와 함께

4 옆집 이모할머니댁에 놀러가요.
걷기도 힘든데 기타도 메고

손자 여준 첫돌잔치. 예술의전당 트랭블루에서(2011. 3. 29)

1 미국서 민준이 형과 고모도 오셨어요.〈친족〉
2 대전에서 외가댁 식구들과 서울 이모할머니 댁 식구들도 오셨어요.〈외족〉
3 여준이가 진찰기 잡았어요.
4 귀여운 여준이　5 나영, 여준 가족

우리 가족 나들이(2010년 여름)

1 할아버지, 할머니의 사랑　2, 3, 4 서초구청에서　5 나영 가족 서커스 에미야, 여준이 빠지겠다

딸 숙영 결혼식

노보텔에서(2003년 7월 11일 오후 5시)

4, 5 숙영 내외 제주도 신혼여행 다녀와서, 부모님과 처남들께 첫인사(작은처남은 카메라맨 2003년 여름)

민준 돌잔치

1 민준 출생 후 크리스마스 트리 앞에서(06. 12. 25)
2 감사합니다.
3 민준 돌잔칫날, 버지니아에서(2007. 12. 7)
4 조부모님, 한국서 오셔서 돌잔치해 주셨어요
5 미국에 사시는 친척분들과 교인들 많이 오셨어요.

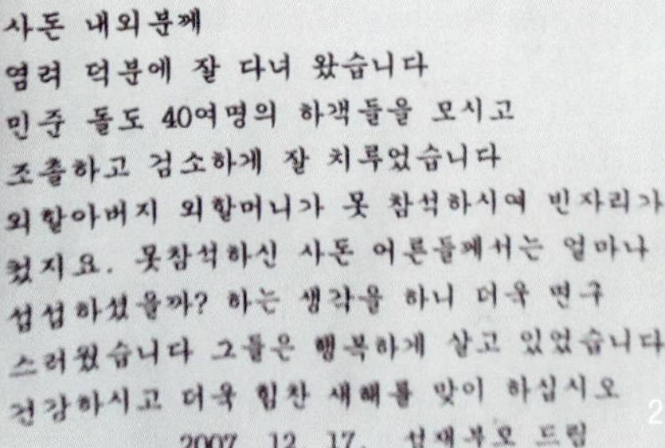

사돈 내외분께
염려 덕분에 잘 다녀 왔습니다
민준 돌도 40여명의 하객들을 모시고
조촐하고 검소하게 잘 치루었습니다
외할아버지 외할머니가 못 참석하시여 빈자리가
컸지요. 못참석하신 사돈 어른들께서는 얼마나
섭섭하셨을까? 하는 생각을 하니 더욱 면구
스러웠습니다 그들은 행복하게 살고 있었습니다
건강하시고 더욱 힘찬 새해를 맞이 하십시오
2007. 12. 17. 섭재부모 드림

1 민준 가족 나들이(2009년 가을) 2 민준, 아빠 품에 안겨(2007. 12. 7) 3 민준의 돌잔치 4 민준, 추수감사절이예요. 아이 좋아!(07. 11)
5 참 맛있어요.(2007년 가을) 6 고국에 와서 -한강 유람선에서 7 생일 축하한다 숙영 시어머님께서 생일 카드를(2005. 2. 9)
8 서초구 염곡동 할아버지댁에서 9 민준과 외할아버지 10 딸 시댁에서 11 벚꽃구경 워싱턴DC(2015. 4. 12)

손자녀들 행사

1 나영, 삼성레포츠 유치원 졸업, 할머니 참석(2013. 봄) 2 나영, 서초초교 졸업식, 부모님과 동생 참석
3 서초초교 2, 6학년이었는데 누나가 졸업하면 저만 남아요.(2019. 2. 15)
4 첫손녀 나영, 서일중학교 입학, 조부모님 참석(2019. 3. 4)

어린이 잔치(유아원, 유치원) 나영·민준·여준

1 나영 생일, 서초동 꿈터어린이집에서(주빈-원규 형제 2009. 8. 10)

2 민준 생일, 서초동 꿈터어린이집에서(주빈-나영- 2009. 12. 7) 민준이는 나영이와 동갑이다. 한국에 오면 머무는 동안 나영이 다니는 유아원에 등록하여 함께 다니며 각종 행사에 참여하고 있다.

3 원규 형제 생일, 서초동 꿈터 어린이집에서(주빈-나영 2009)

즐거운 세 손주들 나영·민준·여준

예술의전당 음악 분수 앞에서(2013 여름)

2 무지개집에서 동생을 태우고(2012년 봄)

3 과천대공원에서, 나영과 민준(2009년 가을)

4 안면도에서 나영과 민준(2009.11)

5 나영과 여준, 키즈월드의 남매(2014년 여름)

고양이 그리기를 좋아하는 나영(13년)

7 나영과 민준, 서초초교 운동장에서 (2009년 가을)

8 나영과 민준, 서초초교 운동장에서(2009년 가을)

기억할 사진

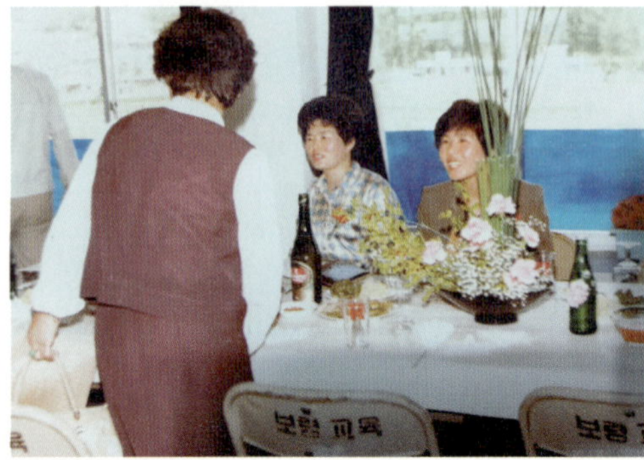

보령 모범 여교사상 수여식

일 시 : 1985년 5월 15일
장 소 : 보령군 교육청
주 최 : 보령 주부교실회장 장정자 여사
시상자 : 보령여교사회장 교사 김형자
수상자 : 대남초등학교 교사 백영자

1 대남초교 1년 봄 소풍(1978년 봄) 2 대남초교 3년 가을소풍(1980년 가을)
3 신혼 초 외사촌 동생과 함께, 덕수궁에서(1971년 여름)
4 울산 태화강 옆에서, 작은아들과 함께
5 석현 버지니아에서 골프

예술의전당 20여 년간 함께 아카데미 회원

왼쪽부터
1 숙영이 가교 역할 하신 내외분,
2 딸 사돈 내외분,
3 우리 부부

1 소민 은영자 여사님 한글, 문인화반,
2 지연 이영자 여사님 한글반(신사임당상 수상)
3 월주 백영자 문인화반

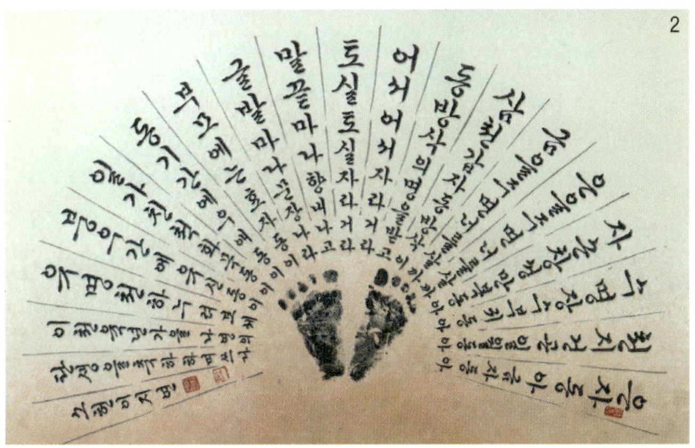

2 지연 이영자 작 은자동아 금자동아

1 소민 은영자 작 자작나무
3 월주 백영자 작 묵국

보령시 대천시내 여교사들(7.80년대~상원회(고참 여교사 모임))

-옛사울, 대남교 4학년 담임교사 1984학년도(4학년 1반~9반)

대천 시내 여교사 친목모임. 대천해수욕장에서(1985년 봄)

옛사울 회원 일동, 복 민숙 교장님 댁 앞에서(1985년 겨울)

군산사범 12회 동창들

1 전국 남녀 동창회, 서울올림픽파크텔에서(1990년) 3 방배동 신동아 자택에서 동기 모임(1987년)
2 군산사범12회 전국여자동창회, 대전국군 휴양소에서(1992년 겨울) 4 낙성대 강감찬 장군 사당에서(87년 여름)

주산초등 32회 동창회

우이파크에서(88년 봄)

주산초, 중등(덕수궁, 87년 봄)

단기 4286년 학습발표회

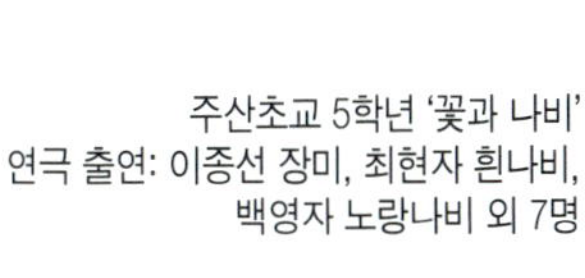

주산초교 5학년 '꽃과 나비'
연극 출연: 이종선 장미, 최현자 흰나비,
백영자 노랑나비 외 7명

주산초등학교 그림벗 고희기념 4인전(2011. 10. 17~23)

1 할머니 동창분들의 전시회를 위해 코사지를 들고 온 손녀 윤나영 2 인사동 경인미술관에서 고희전 오프닝(11. 10. 17, 17:00)

워싱턴DC

MBC(맥크린 바이블 쳐치)에서 빠짐없이 주일예배 참석

1 목사님(David Platt)의 복장은 청바지 입은 젊은 서양 청년으로, 희귀한 모습 이었다. 본당 예배 전엔 나라별로 1차 예배(우린 한인방에서 한인 목사님이 설교 - 번역 담당은 딸 숙영이가 함. 외손자는 학생 예배부에서

2 딸 가족과(19년 12월 마지막 주일~2월 마지막 주일)단 여행기간엔 현지에서 1월 중순: 버지니아비취교회, 2월 중순: 뉴욕순복음교회 MBC(맥크린바이블쳐치)에 딸 가족과 주일예배(12월 말~2월 말 체류 기간) 단 1월 중순(버지니아비치), 2월 중순 여행 기간엔(뉴욕 온누리교회) 참석. 이 교회에서 나라별 원어민 회화교육 있어 1달간 오전 수강함.

사랑의 교회 추수감사절 행사(2019년 11, 12월)

1 아카데미, 문인화반 전시(2018. 12)(송민신 순장님과 이 권사님 관람) 2 우크렐레반, 청남대 방문(2018. 12)(유홍현 지도강사님 인솔)
3 수요일 포에버 마치고 교회 측면에서(2020 여름) 4 딸 성화에 못이겨 '사랑의 교회'에 처음 가는 발길(2008년 경 부활절)

남편의 일과 본가

시아버님 정년 퇴임식 날

중앙우체국장 재임시 전 직원 가족체육대회 개최
(원효로 체신공무원교육원 운동장에서(1999년 가을)

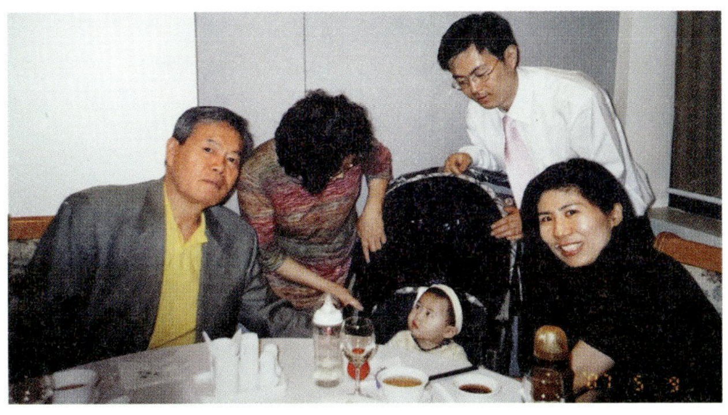

아빠가 서초사리원에서 중국요리 사드린대요
할아버지 생신날(2007. 음 3. 19)

후기

이 책을 엮고 나서

먼 인생 여정의 종착역에 와 있는 느낌입니다.

나의 80 인생을 뒤돌아보니 '행복한 여정이었습니다.'

아버지가 일찍 돌아가시어 애석하지만 매사 여장부처럼 넉넉하고 유식하셨던 할머니께서 그 빈자리를 메꿔 주셨습니다.

특히 현숙하시고 자애로운 어머니의 사랑 실컷 받으며 살아왔고 우리 삼 남매가 남달리 우애하며 서울 시내 가까이서 왕래하면서 지금까지 잘 살아오고 있습니다.

학창 시절에 만난 정다운 친구들, 교직 시절에 사귄 지혜로운 동료들, 나에게 한결같이 이해심과 보살핌으로 대해 주시는 가족과 주변분들, 생활력 강하고 자기관리에 철저한 남편을 만나 고락을 함께하며 가정을 일구고 삼 남매를 키우며 귀엽게 성장해가는 모습에 흐뭇하기만 했던 지난날들.

나무랄 데 없이 대견하게 장성해온 아들 둘이 명석한 두뇌에 출중한 실력을 마음껏 펴지 못해 아쉽지만 학구 시절 연마한 모범적인 품성을 견지하면서 저희들 생활에 충실하고 막내딸이 미국에서 남편과 상부상조하며 박사학위도 취득해 대학교수로 재직하며 독실한 기독교 신앙인으로 주위에 봉사적인 생활과 성실한 삶을 살아가고 있는데 보람과 기대를 하고 있습니다.

여기에 빼 놓을 수 없는 것은 20여년 전 친정어머니께서 82세 때 돌아가시어 내 마음 가누지 못하고 슬픔과 감성적인 늪에 빠져 있을 때 작은아들이 "어머니 그렇게 울지만 마시고 그 마음 잊기 전에 글로 쓰세요" 한 일이다.

그리고 바로 내 전용 컴퓨터까지 구입해 준 이지적인 작은아들의 말과 정성에 힘입어, 문예 생활에 심취해 '제2의 인생'으로 지평을 넓히도록 동기부여 해준 것을 늘 고맙게 여기고 있습니다.

이제 손주들 나영이, 여준이, 민준이가 씩씩하고 건실하게 성장하여 우리보다 저희들 인생을 더 잘 개척해 나가길 바랍니다.

더하여 우리 내외가 건강하게 지내면서 이들의 성장해가는 모습을 지켜보는 것입니다.

이 회고록 '월주의 만추'가 가족과 주변 분들에게 조금이라도 도움이 되었으면 하는 마음입니다.

이 책을 펴내는데 수고해 주신 정은출판 노용제 사장님과 편집인 분들께 감사드리며 후원해준, 서혜정 여사님과 우리 가족에게 감사합니다.

2021년 12월

월주 백영자

백영자 연보

• 1942년 임오년 음력 10. 1	충남 보령시 주산면 신구리(돌머리)에서 아버지 수원水原백씨 용현과 어머니 전주全州이씨 긍녀의 3남매 중 막내로 출생하여 주산 초 · 중학교 졸업
• 1962. 2. 8	군산사범학교 졸업
• 1962. 3. 31 ~ 86. 3.	충남 당진군 대호지초등학교에 초임 발령 충남 보령시 관창, 수곡, 대남, 청룡, 대남, 대관초등학교에서 퇴임
• 1970. 6. 20	윤인중과 결혼하여 대천에서 첫 살림
• 1972. 6. 9	대천에서 큰아들 석주錫珠 출생
• 1974. 1. 23	대천에서 작은 아들 석현錫鉉 출생
• 1976. 2. 9	대천에서 딸 숙영肅瑛 출생
• 1985. 7.	남편이 서울로 전근하여 서울시 강남구 (현 서초구) 방배동 신동아 아파트로 이사
• 1988. 5 ~	현 서초동 진흥 아파트로 이사 서울시 서초구 서초대로 385, 7동 1403 (서초동, 진흥아파트)
• 1991. 3~96. 2	큰아들 석주錫株 고려대경영학과입학, 졸업
• 1992. 3~98. 8	작은아들 석현錫鉉 서울대 법학과 입학, 사법학과졸업
• 1994. 3~98. 2	딸 숙영肅瑛 이대 경영학과 입학, 졸업
• 2003. 7. 11	사위 이성재李晟在와 결혼하여 미국 거주
• 2005. 10. 26	며느리 김민정金珉姸과 결혼하여 서초동 거주

- 2006. 8. 10 손녀 윤나영(尹那榮) 출생. 양재 고1
- 2010. 3. 29 손자 윤여준(尹汝準) 출생. 서이 초6
- 2006. 12. 7 외손자 이민준(李旼俊)Aiden 출생
  Broad Run High School 2년

〈서예〉

- 1990. 9. 1. ~ 2012. 2. 28 예술의전당에서 일사 구자무 선생님께 문인화 17년간 수강
- 1993 ~ 1995 예술의전당에서 소헌 정도준 선생님께 행초서2년, 예서1년 수강
- 1996 ~ 1997 예술의전당에서 한별 신두영 선생님께 2년간 한글 서예 수강
- 1991~ 2012. 2. 28 예술의전당에서 서예아카데미회원전 22회
- 2012. 10. 17 ~ 23 (1주간) 인사동 경인 미술관에서 고희기념 4인전

〈문학〉

- 2011. 한국수필에 《흔적》 '봄 되면 오신다더니'로
  신인상 수상하여 등단.
- 한국수필가협회 회원
- 저서 : 《월주月珠의 꿈》(2012년)
  삼 남매 일기글 모음집 《우리들의 이야기》(2015년)
  《월주月珠의 만추晩秋》(2022년)

월주의 만추

백영자 지음

인 쇄 2022년 4월 12일
발 행 2022년 4월 20일

지은이 백영자
펴낸이 노용제

펴낸곳 정은출판
주 소 서울시 중구 창경궁로1길 29 3층
전 화 02-2272-9280
팩 스 02-2277-1350
이메일 rossjw@hanmail.net
홈페이지 www.je-books.com

정 가 13,000원
ISBN 978-89-5824-454-7(03810)